AIクイズ

きみは、AI(エーアイ)について、
どれぐらい知っている？

ぜんぶ
わかるかな？

クイズ1

①〜⑦のうち、すでに「AI(エーアイ)を活用」
した製品が販売されているのは
いくつあると思いますか？

① 自動車
② 掃除機(そうじき)
③ 冷蔵庫(れいぞうこ)
④ 電子レンジ
⑤ 洗濯機(せんたくき)
⑥ スマートフォン
⑦ 防犯(ぼうはん)カメラ

クイズ2

①〜③のうち、AI(エーアイ)と人間が
勝負をして、AIが勝ったものは
どれでしょう？

① トランプのババ抜(ぬ)き
② 将棋(しょうぎ)
③ ドッジボール

今では、とても身近であり、なくてはならないものになった「AI」。この本では、AIとはどんなもので、今現在のAIにはどんなことができるのか、そして、未来においては、AIはどうなっていくのかなど、AIについてくわしく紹介します。

クイズ3

AIを活用することで、
近い将来に実用化されるといわれているものは、
①～④のうち、いくつあるでしょうか？

① 人間が運転しなくても、
　目的地まで勝手に走ってくれる自動車
② 自分の学力に合わせて、
　勉強を教えてくれる家庭教師ロボット
③ 頭の中で念じるだけで、行きたいところへ
　瞬間移動できるどこでもドア
④ 手につけると、ピアノの弾けない人でも、
　プロのピアニストと同じ演奏ができるグローブ

クイズ4

①～④のうち、実際に発生した、
AIを悪用したといわれている事件は
いくつあるでしょうか？

① ウクライナ大統領の動画を悪用して作られた、
　ロシアに降伏をよびかけるフェイク動画
② アメリカ大統領の声をまねた
　フェイク音声による選挙妨害電話
③ 日本の有名人の音声を
　AIで合成したと思われる電話による詐欺行為
④ AIを搭載したロボットを使った
　コンビニエンスストアでの強盗事件

目次

AIクイズ		2
はじめに ますます人の生活に広がっていくAIをきちんと理解する　山田誠二		6
学校の授業でもAIが！「つくば市立みどりの学園義務教育学校」のAIを使った授業		8

第1章　AIってなに？

① AIにできることってなんだろう？	12
② AIのさまざまな分類	16
③ 生成AIに世界が注目！	23
コラム 生成AIを使いこなすコツは、「Prompt（プロンプト）」！	29

第2章　AIはどうやって進化した？

① AIも学習してかしこくなる！	32
② ディープラーニングでAIはもっとかしこく！	39
コラム AIはどうやって発展したの？	43

第3章　身近なところで活躍するAI

① 本物そっくりの画像を作るAI	48
② ゲームにかかわるAI	50
③ 手を使わず便利なAI音声アシスタント	52
④ 交通事故をへらすAI搭載の自動運転車	54
⑤ 病気を早期発見するAI	56
⑥ 言葉の壁を超えるAI翻訳	58
コラム 未来では、AIを管理するAIが必要になる!?	60

第4章　意外なところで活躍している AI

① 食品ロスの問題を AI で解決！ ... 62

② 農業などの産業をささえる AI ... 66

③ 交通を便利にする AI ... 70

コラム　自動運転レベル ... 71

④ AI でまちの安全を守る！ ... 74

コラム　財布もクレジットカードも持たずに買い物ができる⁉ ... 76

第5章　AI の可能性と未来

① AI で仕事が変わる⁉ ... 78

② くらしがもっと豊かに！ ... 82

③ 健康管理や医療がもっと進化する ... 86

④ AI のこれから ... 90

コラム　AI は、ベスト・カップルを見つけ出すのが得意‼ ... 94

第6章　みんなが幸せになる AI の使い方

① AI は危険な道具？ ... 96

② プライバシーを考えよう ... 98

③ 公平かどうか確認しよう ... 100

④ AI を活用することの責任を考えよう ... 102

⑤ 人間と AI のかかわり方を考えよう ... 104

コラム　法律で AI の使用を制限することが必要になる？ ... 106

AI クイズの答え ... 108

さくいん ... 110

はじめに

ますます人の生活に広がっていくAIをきちんと理解する

AI（人工知能）は、現在まで50年以上の長い歴史をもっています。AIの研究は、1960年ごろにアメリカの研究者たちが開いた会議から始まり、その後何度かの世界的ブームを経て、今も多くの研究・開発が活発に行われています。現在、アメリカを中心とする大きなIT企業がこぞってAIの開発を進めており、ChatGPTを筆頭とする生成AIとそのサービスを提供しています。

最近の第3次AIブームは、2010年ごろから始まりました。長いAIの歴史でいろいろなタイプのAIが作られてきましたが、その中で役に立つAIのひとつとして、機械学習があります。この機械学習は、人間からあたえられた大量の問題とその正解のペア（訓練データ）を数学的に分析して、問題を解く方法を自分で見つけるAIのひとつです。

この機械学習はすばらしいものなのですが、多くのAIがそうであるように、実は機械学習にも大きな弱点がありました。それは、役に立つ機械学習を作るためには、大量の訓練データと、速くて安いコンピューターが必要となることでし

た。第3次AIブームの前から機械学習は作られていましたが、残念ながらこのような大量のデータや、速くて安いコンピューターが普及していなかったので、機械学習は実用に耐えるものにならず、特に企業からは相手にされていませんでした。

ところが、2010年ごろに、インターネットからこの大量データが入手可能となり、安価で高速なコンピューターが普及しました。さらにはディープラーニングとよばれる人間の脳を真似た機械学習の方法が開発されたことで、機械学習の実用化が一気に進みました。このような機械学習の成功を背景として、第3次AIブームがアメリカのIT企業を中心に世界的に広がりました。

ここからわかるように、AIの普及とコンピューター、インターネットの進歩は密接に結びついており、ただAIだけを研究するのではなく、企業による技術開発が進むことで、初めて世界的な規模でのAIブームとなった点を理解することが大切です。

監修者
国立情報学研究所教授
総合研究大学院大学教授
山田 誠二

以上のように機械学習から始まった第3次AIブームにおいて、AIがどのようにみなさんの生活に役に立ったのかを見ていきましょう。もともとディープラーニングは、写真などの画像になにが写っているのかを認識する物体認識とよばれる機能を、AIで実現することを目的として開発されました。また、ディープラーニングの起源は、1970年代に進められた日本人研究者のAI研究であるといわれており、長い歴史をもっています。それがなぜ今ごろになって広く使われるようになったのかは、先ほど説明したとおりです。

さて、このように画像の物体認識が活用できる分野は、日常生活でもとてもたくさんあります。ちょっと例を挙げても、カメラ画像を使った顔認識、自動運転車に必要な道路上の物体認識、X線やCTの医療画像に写った腫瘍の認識などさまざまです。

一方、これらのディープラーニングの応用分野は、画像の物体認識にかぎられており、人と文章でチャットしたり、人からの文章による質問に答えたりというような日常的にわたしたちがやっていること には対応できませんでした。

そこで登場したのが、人ととても自然なチャットができる、そして人からの文章による質問にとても上手に答えられるChatGPTです。ChatGPTもディープラーニングと同様に膨大な訓練データから高速なコンピューターを使って機械学習を行っており、現在のインターネットやコンピューターの進歩があって初めて成り立つ技術となっています。ただ、物体認識中心であったディープラーニングとはちがって、文章、言語による人との自然なコミュニケーションというきわめて応用範囲の広い機能をもっています。このことが、ChatGPTをはじめとする生成AIの爆発的な普及の大きな原因となっています。

この本には、このように今注目されている生成AIをはじめ、AIを広くきちんと理解するために必要な、わかりやすい説明がたくさん盛り込まれています。全体を読破するのは簡単ではないかも知れませんが、本書をじっくり理解しながら読むことで、AIに対する広くてきちんとした理解が確実に進むと信じています。

「つくば市立みどりの学園義務教育学校」のAIを使った授業

[どうしてAIを使うの？]

茨城県つくば市のつくば市立みどりの学園義務教育学校は、2016年に文部科学省が制度化した「義務教育学校」にもとづく学校です。小学校・中学校の区切りをなくして、9年間で小学校～中学校の義務教育を一貫して行う新しい学校の仕組みを取り入れています。

つくば市立みどりの学園義務教育学校では、より良く社会を変えていけるような人材、いわゆるチェンジメーカーの育成を目指しています。そうした人材を育てるためにはAIを使いこなせるように指導することも重要だと考えて、2023年の秋から授業でも積極的にAIを活用しています。

[いろいろな教科でAIを活用]

授業では、いろいろな教科でAIが活用されています。

たとえば社会科では、地域がもつ課題をどうやって解決できるかという新しい提案を、生成AIなどを活用して考えています。

国語では、長文読解を行った後で、その内容にふさわしい挿絵を、生成AIを使って作成するといった使い方もしています。

また特定の教科にかぎらず、さまざまな視点での幅広い助言がほしい場面などで、AIを活用することもあるそうです。

[AIウィー子ちゃんを使った国語の授業]

「詩」を取り上げた国語の授業のときには、「AIウィー子ちゃん（ChatGPT

パソコンやタブレットなどの端末を使い、生成AIを授業で活用

求める回答を得るためには、どんな質問文にするかが重要

を活用し、小学生向けカリキュラムにもとづいて作られたAI)」や、「Microsoft Copilot」というAIを使い、作者について調べたり、AIが、その詩についてどう思うかの感想を聞いて、自分とAIの考え方のちがいを確認するといった使い方がされました。

生成AIを利用して、なにかを質問すると、それに対して生成AIが答えてくれます。このとき、質問（プロンプト）の内容が不十分だと、求める答えが得られません。

そのため、学習の過程では、プロンプトの書き方次第で、生成AIからの回答がちがったものになることなども、体験的に身に付けることができます（プロンプトについては、29ページでくわしく取り上げています）。

[体育の授業でも AIが活躍]

国語や社会といった教科だけでなく、体育の授業でも、AIが活用されています。

たとえば、マット運動などの授業では、先生に教わった動きなどをイメージして、その動きをその通りにやってみようとします。しかし、自分の動きは自分では確認できないため、きちんとやっているつもりでも、実はできていないということがあります。

そこで、専用のAIアプリを搭載したタブレットで自分の動作を撮影し、お手本となる動きと、撮影した自分の動きをくらべて確認することで、正しく体を動かせるようになります。

タブレットで自分の
動作を撮影してもらう

専用AIアプリが、お
手本の動作と撮影した
動画にうつった動作
とのマッチ度を判定

正しく体を動かせて
いるかを映像で確認
できる

[AIが役立つシーン]

　なにかの解決策を探求するような場面では、AIを活用することで、より広い世界のさまざまな情報を集めて、いろいろな視点や考え方を学ぶことができます。同時に、自分たちが考えた解決策についての良い点や悪い点を、AIから学ぶという使い方もできます。

　そのため、つくば市立みどりの学園義務教育学校では、単に正解・不正解を問うような授業ではなく、生徒たちがなにかを探求していくような課題を取り上げる授業などで、より積極的にAIを活用していきたいと考えているそうです。

　また、AIがもつ計算処理能力の高さを生かして、統計処理や、文章の要約などの学習シーンでも、活用を進めていきたいそうです。

第 1 章

AIってなに？

1 AIにできることってなんだろう？

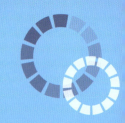

1 そもそもAIってなに？

AIとは、Artificial Intelligence の頭文字をとった略称です。「Artificial」とは、日本語で「人工的な」という意味で、「Intelligence」は「知能」という意味です。つまりAIとは「人工知能」のことを意味しています。

知能とは、物事を理解したり判断したりすることで、人間はそれを脳を中心として行っています。それを人工的に行うには、多くの場合コンピューターを使います。そのため、AIとは、人間のように考えることのできるコンピューターの仕組み（プログラム）だといえます。

2 AIはまだ完成していない！？

AIとは、人間と同じように考えたり、物事を判断したりできるコンピュータープログラムです。「人間のように考える」イメージとしては、マンガ・アニメのドラえもんでしょう。かれは自分で考えて行動するし、感情も表現します。ほかのキャラクターとの会話も非常にスムーズで、まるで人間のようです。まさにAIを搭載したロボットです。しかし現実には、ドラえもんのように、人間と同じように考えたり、判断したりできるAIはまだありません。つまり、本来の意味でのAIはまだできていないのです。

それなのに、AIを搭載しているという商品やサービスがたくさんありますね。これは、人間ほどではないけれど、ある程度は自分で判断できるのならば、広い意味でのAIだとしているからです。

AIのレベル

東京大学の松尾豊教授は、AIをレベル1からレベル4までの4段階に分類しています。

■レベル1のできること

機械装置などを、ある目的のために自動で動かしたいときに、その機能を実現するためのプログラムを「制御プログラム」といいます。エアコンが設定温度を保つために、室温の変化に応じて自動的に作動するのも、洗濯機が洗濯物の重さによって洗濯時間を変えるのも、制御プログラムによってコントロールされているからです。このような単純な制御プログラムなどを、レベル1のAIに分類しています。

レベル1：風呂給湯器

■レベル2のできること

レベル1のような単純な制御プログラムでも、いくつも組み合わせれば複雑なことができるようになります。そうしたAIをレベル2に分類しています。たとえばロボット掃除機は、いろいろなセンサーで部屋の様子を確認し、ときに障害物をよけながら、自力で移動して掃除をします。レベル1よりいろいろなことを自分で判断して動くので、よりAIらしいといえます。

レベル2：ロボット掃除機

■レベル3のできること

レベル1や2で使われている制御プログラムは、なんらかのデータが入ってきたとき（人間が操作したとき）に、プログラムに沿って計算をして、一定のデータ（答え）を出すというものです。データが入ってくることを入力といい、答えを出すことを出力といいます。

レベル3のAIは、もっと高度な仕組みを活用します。そのひとつが「機械学習」というものです（→32ページ）。たとえばAIにイヌとネコの写真を大量にあたえ、イヌとネコを見分けるヒントをあたえると、AIは自分でイヌとネコを見分けるルールを決め、新しい写真に対してそれがイヌかネコか判断できるようになるというものです。自分でルールを決めて判断できるので、レベル1やレベル2のAIよりかしこいといえます。スピードと正確さが求められる工場の検品などでも役立っています。

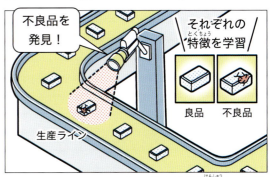

レベル3：工場で不良品を検出するカメラ

■レベル4のできること

機械学習がもっと複雑になった「ディープラーニング」という能力を備えたAIがレベル4です。

レベル3の機械学習では、あらかじめ大量のデータと、ルールを作るためのヒントを教える必要がありました。しかし、ディープラーニングでは、ヒントを教える必要がありません。自分でルール化できそうなポイントを探し出すことができるのです。

先ほどのイヌとネコの例でいうなら、イヌとネコの大量の画像データをヒントなしであたえると、自分で特徴のちがいを見つけ出してグループ分けをします。そして結果的に、イヌの特徴をもつグループと、ネコの特徴をもつグループに分けられるのです。その後は、自分で見つけた分類ルールによって、あたえられる画像がイヌの特徴をもつグループか、

ネコの特徴をもつグループか判断するようになります。

3 AIが得意なこと、苦手なこと

**計算で予測可能なことは得意
計算できない予測は苦手**

AIは、「こういう場合にはこうする」というルールが積み重なって動いています。ですから、ルールが決まっていることは得意です。

たとえば、チェスや囲碁、将棋といったゲームは得意です。相手も自分も駒を動かせる範囲は決まっていますし、お互い一手打ったら交替することも決まっています。自分が駒を動かせるパターンと相手が駒を動かせるパターンの数は膨大になりますが、すべてがルールに従っています。ルールで決まっているということは、それを計算によって予測することが可能になります。人間はゲームのルールに従って膨大なパターンを予測し、そこから有利な駒の動かし方、つまり次の一手を選び出しています。AIも同じです。ルールの範囲内で、次の一手としてどんな駒の動かし方をすると勝てる可能性が高まるかを計算します。もちろん、AIは、単にルールに従った駒の動かし方を計算するだけではなく、過去のゲームのデータを膨大に学習して、どのような状況でどのような一手を打つと勝つ可能性が高まるかを計算しています。そもそもコンピューターは計算が得意です。とても速く正確に計算できます。ですから、コンピュータープログラムで作られるAIは、ゲームにおける次の一手を予測することは得意なのです。

逆に、計算できないなにかを予測することは苦手です。

たとえば、AIにジャンケンのルールだけを教えて、人間とジャンケンをさせても、AIが勝つ可能性が高くなるとはいえません。チェスや囲碁のようにパターンが明確なわけではないからです。ジャンケンのルールを理解したAIは、相手がパーを出したときに、自分がグーを出したら負けになることはわかります。しかし、相手がなにを出すか予測することはできません。

ただし、そのAIに膨大なジャンケンのデータを学習させると、なにを出すと勝つ可能性が高くなるかを計算したり、相手が次になにを出すかを予測できたりするようになるかもしれません。

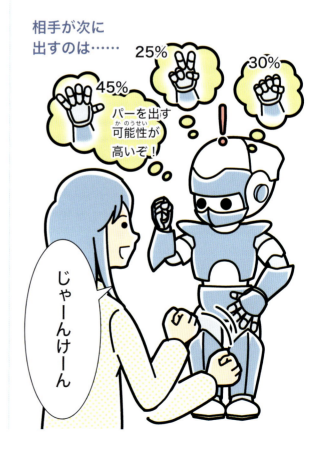

第 1 章　AI ってなに？

たくさんの情報から答えを選ぶのは得意

　AI は、すばやく大量の情報（データ）を参照し、あたえられた問題に対して、もっとも正しいと思われる答えを見つけることが得意です。とくに現代は、インターネット上に、世界中のさまざまなデータが大量に蓄積されています。その膨大で雑多なデータの中から、必要な情報を選び取ることも、AI の得意技のひとつといえます。

　たとえば、アメリカの IBM という会社が開発した AI「ワトソン」※ が、テレビのクイズ番組で人間のチャンピオンを破ったことがあります。人間の場合、知識的なクイズに正解できるかどうかは、出題された内容をもともと知っているかどうかが重要です。しかしワトソンは、クイズの問題文から答えを得るためのキーワードがなにかを判断し、インターネット上など膨大なデータからそのキーワードを調べて、最も正しいと思われる答えを、人間より速く出したのです。

　問題を解くためのキーワードを判断できることもすごいですが、インターネット上の大量の情報の中から、求める答えをすばやく見つけることは、まさに AI の得意分野だといえます。

※「ワトソン」を開発した IBM では、「ワトソン」を AI とはよんでいませんが、AI の関連技術が多く使われているので、本書では AI の一種としてあつかいます。

人間の「常識」を理解することは苦手

　ふだんの生活の中で、「そんなこと、常識だよね」という発言を聞くことは少なくありません。たとえば、「ペンギンは空を飛べない」とか、「魚は水の中でしか生きられない」などが常識といわれるものです。しかし、AI にはそういった常識はありません。AI は学習した情報を処理することは得意ですが、学習していない情報は処理できません。つまり、AI には人間に通じるような「常識」は基本的になく、「常識的に考える」ということはできません。

　ただし、インターネット上の膨大なデータを学習した最近の生成 AI は、人間に通じる常識も学習しており、まるで常識を理解しているようにふるまうことが可能になっています。しかしそれは、人間のように常識を理解しているのではなく、常識といわれる情報データを学習した結果だということを、わたしたちは理解しておく必要があります。

 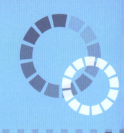

2 AIのさまざまな分類

1 強さ（人間らしさ）による分類

AIとして"強い"とは？

　AIを分類するときに、「強いAI」と「弱いAI」に分けることがあります。AIとして強い・弱いとはどういうことでしょうか？

　そもそもAIの研究は、人間と同じように物事を考えたり、判断したりできるコンピューターのプログラムを作り出すことを目的としています。つまり、より人間の知能に近い働きをするAIが、目指す完成形に近いということであり、AIとして"強い"とされるのです。逆に、人間と同じように思考できない、いわば人間の知能らしくないAIは、"弱い"とされます。

「AlphaGo」は強いAI？

　2015年、囲碁の試合で、とあるAIが当時ヨーロッパ王者だったプロ棋士に勝ち、人々を驚かせました。それが、グーグル・ディープマインド社が開発した囲碁専用のAI「AlphaGo（アルファ碁）」です。囲碁や将棋、チェスやオセロといったボードゲームのAI開発は、第1次AIブーム（→43ページ）のころから行われていました。そんな数あるボードゲームの中でも、囲碁でAIが人間に勝てるようになるのはもっとも難しいといわれていました。なぜなら、打つ手の選択肢がほかのボードゲームにくらべて圧倒的に多く、より複雑で高度なプログラムがないといけないからです。

　たとえば将棋の場合、将棋盤は縦9マス・横9マスの81マスで、駒ごとに

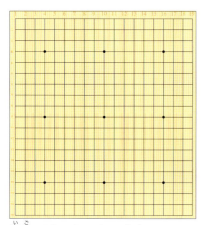

囲碁：19×19の361交点
最初はなにもない状態から
どこにでも石を置ける。

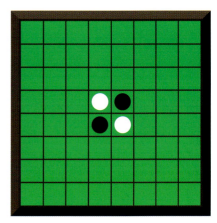

オセロ：8×8の64マス
最初の配置は決まっている。
自分の色の石で相手の色の石を
はさめるマスに打てる。

将棋：9×9の81マス
最初の配置は決まっている。
駒によって動き方が決まっている。

第1章 AIってなに？

決められた動きを使って打ち手を決めます。スタート時は駒を決められた形で並べることもあり、1回の打ち手の数は80通りほどといわれています。これに対して囲碁は、盤に縦19本・横19本の線が引かれていて、これらの線が交わる点に碁石を置けます。しかもまったく碁石のない状態からスタートするので、最初の一手は19×19で361通りもあるのです。最初の一手だけでこれだけの選択肢があるのですから、最後まで勝負しようとしたら、膨大な数の選択肢になります。その中から勝てる手を選んでいくのは、とても大変なことですね。

しかしAlphaGoは、ディープラーニングを活用したことで、それまでの囲碁AIとはくらべものにならないくらい強くなりました。

ヨーロッパ王者に勝利したAlphaGoは、2016年、何度も世界王者を経験している韓国のプロ棋士に、2017年には人類最強ともいわれていた中国のプロ棋士に勝利を収めました。

そんなAlphaGoですが、強いAIといえるでしょうか？　答えは「いいえ」です。たしかに囲碁に関しては、世界でもトップレベルの人間に勝てるくらい強くなりました。しかし、AlphaGoは囲碁を打つことしかできません。囲碁の試合が終わった後、対戦相手と感想を言い合ったりもできません。そういう意味で、AlphaGoは人間のような知能をもっているとはいえず、弱いAIなのです。

比較的強いAI「Pepper」

そもそも、人間の知能とはどんなものでしょうか。囲碁などのゲームをするのも、人間の知能のひとつであることはまちがいありません。ただし、それは人間の知能の一部です。

人間の知能は、とてもたくさんのことができます。計算したり、文章の読み書きをしたり、相手に合わせて会話したりするのも知能のひとつです。同じ失敗をくり返さないように気を付けるのも、知能があるからです。たとえ経験のないことや知らないことでも、参考になりそうな経験や知識を思い起こして考えることで、自分なりの答えを出すこともできま

強いAIは、いろいろなことを人間のようにできる

家庭教師役も料理や掃除などの家事もできるお手伝いロボット

診察も手術もできるお医者さんロボット

す。また、笑ったり泣いたり怒ったり、感情表現も豊かです。

　つまり、人間のような知能とは、知らないことや経験のないことでも考えて対応できる能力であり、なおかつ、人間らしくあるためには、感情があって、心や意思をもっているようにふるまえることが条件といえます。

　ソフトバンクロボティクス社が開発・販売している人型ロボット「Pepper」は、感情を読み取って会話したり、動いたりすることができます。まるっきり人間のようだ、とまではいえませんが、「人間っぽい」と感じる人も多いでしょう。その点で、比較的強いAIだといえます。ただ、完全に人間のような知能が備わっているわけではなく、本当に強いAIだとはいえません。

チューリング・テスト

　強いAIかどうかを判断するのに、「チューリング・テスト」に合格できるかどうかが、ひとつの目安になるかもしれません。

　1950年にアラン・チューリングという研究者によって提唱されたこのテスト（下の図を参照）は、その後も多くの学者によって形を変えながら実施されていますが、テストに合格したAIはまだ登場していません。

2 能力の豊かさによる分類

　AIの分類方法として、「強いAI・弱いAI」のほかに、「汎用AI・特化型AI」という分け方があります。さらには、「人工超知能」という考え方も登場しています。

特化型AI（ANI）

　特化型AIとは、特定の分野に関してだけ対応できるAIのことです。「ANI（Artificial Narrow Intelligence＝人工

チューリング・テスト
相手が見えないように壁で仕切られた状態で、AさんとBさん、AさんとAIが、パソコンなどのコンピューターを使ってチャットで会話をし、Aさんは会話の相手が人間かAIかを判断する。どちらがAIかを判断できなければ、人間と見分けがつかないほど人間らしいAIとして合格になる。

的な狭い知能）」とよばれることもあります。

たとえば、弱いAIの例で取り上げたAlphaGo（→16ページ）は、囲碁に特化した特化型AIでもあります。また、レベル2のAIとして取り上げたロボット掃除機（→13ページ）も、掃除に特化した特化型AIです。

ロボット掃除機以外にも、AIを搭載した家電はたくさんあります。

2010年代の第3次AIブーム（→45ページ）以降、家電をはじめ、いろいろなAIが開発され、実用化されています。現在実用化されているAIは、すべて特化型AIです。対応できる分野に関しては、人間より優れた能力を発揮するAIも登場しています。

汎用AI（AGI）

「汎用」とは、"いろいろなことに用いることができる"という意味です。つまり汎用AIとは、特定の分野にしばられず、どんなことにも対応できるAIのことです。「AGI（Artificial General Intelligence＝人工的な一般的な知能）」とよばれることもあります。

どんなことにも対応できるというのは、さまざまな分野の知識をたくさんもっている、ということとはまた別です。どんなことにも対応するためには、自分の置かれている状況を理解し、その状況に合わせた行動（判断）をしたり、知らないことは自分から学んだりしないといけません。つまり汎用AIは、人間のようなAIということです。

汎用AIの実現は、まだまだ先のことと考えられていましたが、ChatGPTの登場によって、そう遠くない未来だと考える人も出てきました。ChatGPTは、幅広い分野の話題に対応でき、会話の流れに沿って相手に意見を言ったり、詩

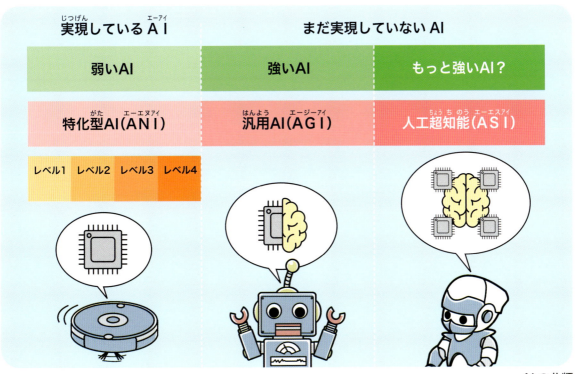

AIの分類

や小説を書いたりすることもできます。このため、汎用AIの領域に一歩踏み出していると言う人もいます。けれども、ChatGPTはあくまでも言語を処理するAIなので、特化型AIに分類されています。

人工超知能（ASI）

「人間と同じように考えられる人工知能」というのがAI開発のひとつのゴールですが、人間を超える人工知能の出現も予想されています。それが「ASI（Artificial Super Intelligence ＝ 人工的な並外れた知能）」です。

ASIは、自分から学習してどんどん進化することで、あらゆる面で人間より優れた能力をもつAIのことです。人間には解決が難しい問題でも、ASIなら解決策を見つけ出せるといわれています。

AGIが実現していない現時点では、ASIの誕生はまだ先のことですが、一度AGIが実現されれば、ほどなくASIも実現すると考える人もいます。

3 活用技術による分類

本来は"なんでもできる"を目指すAIですが、一気にそれを目指すのは難しく、現在はなんのための技術を磨いているかによって、おもに4つの専門分野に分けられています。

画像認識AI

コンピューターが、画像や動画に映っているものを理解するためのAIです。映っているものの特徴を見つけ出し、分類したり、それがなんなのか特定したりします。膨大な量の画像データを取り込んで学習することで、かなり正確に判断できるようになりました。

画像認識AIが使われている例として、顔認証システムがあります。顔認証システムは、スマートフォンやタブレットのロックを解除するのに活用されています。目・鼻・口の位置や形など、顔の特徴を分析して登録し、カメラに映った人物の顔が、登録されている顔と一致する

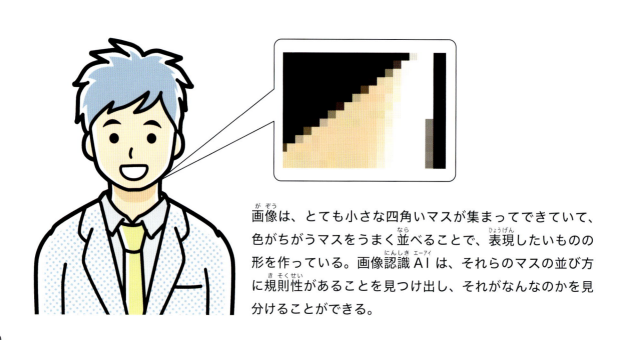

画像は、とても小さな四角いマスが集まってできていて、色がちがうマスをうまく並べることで、表現したいものの形を作っている。画像認識AIは、それらのマスの並び方に規則性があることを見つけ出し、それがなんなのかを見分けることができる。

かどうかを判断しています。そのほかに、オフィスビルの出入り口や、音楽ライブの入場などでも導入されています。

自然言語処理AI

自然言語とは、わたしたち人間がふだん使っている言葉のことです。つまりは日本語や英語、中国語、スペイン語、フランス語などのことです。

自然言語とは反対に、人工言語もあります。コンピューターが動くためにはなにをすべきか命令しないといけませんが、その命令を書いたものがプログラムです。そして、プログラムを書くための言語がプログラミング言語であり、人工言語です。

わたしたちがふだん使っている言葉は、一部を省略したり、前後を入れ替えたりしても、相手に伝わることが多いです。また、「黒い目の大きなネコ」と言ったとき、目の色が黒くて体が大きいネコだとも、目が大きくて体が黒いネコだとも受け取ることができます。このように、ひとつの文章から複数の解釈が生まれる場合もあります。自然言語は、かなりあいまいな性質をもっているのです。

その一方で、コンピューターが使う人工言語には厳密な文法があるので、そういったあいまいな部分がありません。コンピューターは、決まった文法のない自然言語を理解するのが苦手です。自然言語処理とは、コンピューターが苦手な自然言語を、コンピューターが理解できるプログラミング言語に変換する処理のことです。その処理をしてくれるのが、自然言語処理AIです。

音声認識AI

音声認識とは、コンピューターが人間の話した声を解析し、文字に変換する技術のことです。昔からある技術でしたが、ディープラーニングを活用したAIによって、精度が飛躍的に向上しました。

従来は、（1）音声入力→（2）音響分析→（3）音素を特定→（4）単語に変換→（5）文章を出力、というステップで音声を認識していました。まず（1）で、マイクなどを使って文字に変換したい音声を入力します。次の（2）で、生の音声データを、コンピューターが理解しやすいデジタルデータに変換します。このとき、雑音も取り除かれます。（3）で、音声を「音素」とよばれる最小単位の音に分解します。日本語であれば、母音（アイウエオ）と子音、撥音（ン）に分解されます。（4）で、音素の並びを発音辞書と照らし合わせて、単語に変換します。発音辞書とは、単語と発音がセットで登録された辞書のことです。音が同じ（似ている）単語が複数ある場合は、前後の単語を参照して、組み合わせとして確率が高い単語が選ばれます、最後に（5）で、自然な文章となる可能性が高いと判断された文字列が、文章として文字出力されます。

最近では、（3）と（4）のステップを一度に処理する方法も登場しています。

機械制御AI

　機械制御AIとは、さまざまな機械や装置などの動作をコントロールするためのAIのことです。具体的な例をいくつか挙げると、工場の溶接ロボットや組み立てロボット、自動運転車やドローン、お掃除ロボットなどで使われるAIです。

　なんらかの機械・装置やロボットが自動で動く仕組みは、大きく3つの要素でできています。ひとつはセンサー、2つめは「知能・制御」といわれる部分。AIはここで使われます。そして3つめが駆動（アクチュエータともいいます。機械などの動く部分）です。

　センサーは、機械やロボットが、自分自身や周囲の状況を理解するための装置です。人間の感覚の代わりに、光・音・位置・圧力・温度・湿度などを検知します。そこで集められた情報は、デジタル電気信号に変換され、知能・制御装置（AI）に送られます。知能・制御装置が信号を処理して状況を判断し、アクチュエータに指示を送ることで、機械やロボットが動くのです。アクチュエータは、直訳すると「作動させるもの」という意味の英語です。外部からの信号を受け取って、それに従って物体を動かす装置です。

　身近な例としては、自動ドアやエレベーターの動作などが挙げられます。

　自動ドアのセンサーが、ドアの前に人が立ったことを感知すると、その情報が知能・制御装置（AIはここにあります）に伝わり、「人が入ってこようとしているのでドアを開く」という判断をし、その命令を自動ドアの駆動部分であるモーターに伝え、それによってモーターが動いてドアを開けます。

　センサーがどのような情報を受け取ったときに、どのような動作を実行するのかを、細かくコントロールする必要がある場合には、より高性能のAIを活用します。たとえば自動運転車などに付けられている自動ブレーキシステムは、高感度・高性能のセンサー・AIでコントロールされています。

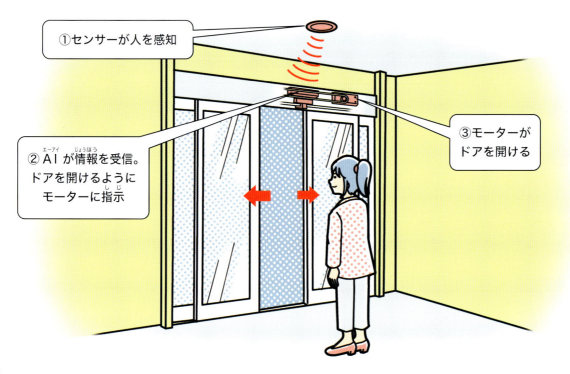

①センサーが人を感知
②AIが情報を受信。ドアを開けるようにモーターに指示
③モーターがドアを開ける

3 生成AIに世界が注目！

1 創造性のあるAI

研究者が目指す完全なAI（強いAI、あるいは汎用AI）の完成は、まだまだ先のことだといわれてきました。しかし、意外に早くできるかもしれないと期待させるAI界の画期的な出来事がありました。それが「生成AI」の登場です。

生成AIとは、「Generative Artificial Intelligence」という英語を日本語に訳したものです。Artificial Intelligenceは、すでに説明したAI、人工知能のことです。そして、Generativeは、「生成的な、生成する」といった意味合いがあります（生成AIは、生成的AI、生成型AIなどといわれることもありますが、すべて同じです。本書では「生成AI」を使うことにします）。

さて、生成AIとは、どのようなものでしょうか。簡単にいうと、大量のデータを学習し、その学習したデータの特徴やパターン、規則性などをAI自身が理解し、その理解にもとづいて、新しいデータを自動で生み出す、つまり創造することができるAIのことをいいます。

大量のデータを学習して、規則性などを発見するところまでは、従来のAIと同じです。生成AIが従来のAIとちがう点は、規則性などを理解した上で、「新しいデータを生み出す」という点にあります。

ここでいう新しいデータは、新しい文章であったり、新しい画像であったり、新しい音楽であったりと、多種多様です。

つまり、生成AIは、多種多様な新しい創作物（コンテンツ）を生み出すことのできるAIだということです。

実は従来のAIは、学習した大量のデータの中から最適な回答となり得るデータを抽出して出力することはできても、新しいコンテンツを生み出すことはできませんでした。

たとえば、大量のイヌの画像データを

従来のAI
大量のデータの中から最適な答えを取り出す。

生成AI
大量のデータを理解して自ら新しいデータ（コンテンツ）を生み出す。

23

学習した従来のAIになんらかの画像を見せれば、それがイヌなのか、イヌではないのかを瞬時に、かなり正確に判断することができます。

このように従来のAIは、分析したり、判断したり、予測したりすることは得意で、ときに人間よりも正確に、すばやく、分析・判断・予測をします。しかし、イヌの画像を新たに作り出すことはできませんでした。

それが、生成AIではできるようになったのです。これはとても画期的なことで、生成AIの登場によって、AIがより一層進化したと評価する研究者もいるほどなのです。

2 生成AIの基本の仕組み

生成AIという考え方自体は決して最近のものではなく、その最初の考え方は1950年代に登場していたといわれています。その後、ディープラーニングの進化や、インターネットの発展、コンピューターの高性能化などさまざまな分野の進展によって、現在の生成AIが誕生しているのです。

今日、わたしたちはインターネットを通じて、さまざまな生成AIを実体験することができます。最初に目にした生成AIとしては、ChatGPTを挙げる人が多いのではないでしょうか。

ChatGPTは2022年11月にアメリカのOpenAI社が開発・発表した生成AIです。さまざまな質問に対して、あたかも人間が答えてくれているような自然な言語で回答を表示してくれます（日本では、日本語で質問すれば、日本語で回答してくれます）。

ChatGPTが作り出すものは文章でしたが、現在はさまざまな生成AIがあり、生成可能なのは、文章だけではありません。たとえば、利用者が「宇宙遊泳するネコ」を描いてほしいと入力すると、その画像を出力してくれる画像生成AIもあります。

「宇宙遊泳するネコ」で生成した画像
※ Stable Diffusionで編集部作成

このほか、音声を生成する生成AIや、音楽を生成する生成AIなども公開されており、だれでも手軽に使えるようになってきています。

生成AIが、こうした新しい文章や画像、音声などを生成する仕組みには、さまざまな種類があります。代表的な2つを紹介しましょう。

競わせて性能を高める仕組み

2014年、AI研究者のイアン・J・グッドフェローが、敵対的生成ネットワーク（Generative Adversarial Networks = GANs）というものを発表しました。この敵対的生成ネットワークが、生成AIの始まりだとも考えられています。

さて、この敵対的生成ネットワークと

敵対的生成ネットワーク

生成器といわれるAIと、識別器といわれるAIを用意して、生成器の側はたとえば精密な偽札の画像を生成できるよう学習し、識別器の側がそれを見破ることができるように学習し、お互いに精度・性能を高めていくことで、より本物らしい偽札画像を生成できるようなAIを作り出そうとする。

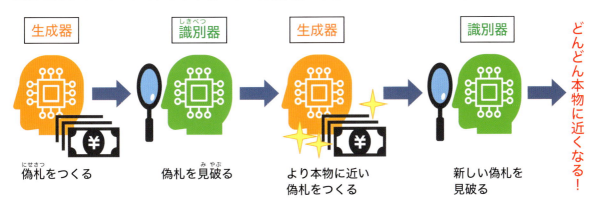

いうのは、2つのAIを競わせることで、より精度の高い出力ができるAIを作り出す仕組みです。

一部の生成AIでは、この敵対的生成ネットワークを利用しているものもあります。画像生成や動画生成などの高解像度でリアルなデータの生成に適しているといわれます。

言語に特化した生成AIの仕組み

ChatGPTは、言語、つまり言葉に特化して、AIのモデルを進化させたものです。

このモデルは、単語や文章の意味を理解し、自然な言葉づかいで人間とAIが会話するような処理に用いられます。

これは「大規模言語モデル」とよばれ、ChatGPTだけでなく、多くの生成AIでも、この大規模言語モデルが利用されています。

このモデルでは、膨大なテキスト（言葉）のデータベースのようなものを使って、事前に、言葉と言葉、文章と文章のつながりについて理解し、その上で、より自然な文章表現を生成する仕組みだといえます。

3 生成AIを身近なものにしたChatGPT

チャットボットが進化した！

2022年11月に、アメリカのOpenAIという企業が発表したChatGPTは、生成AIを活用した"チャットボット"で、人間との自然な会話が可能です。

チャットボットというのは、人間とコンピューターがやりとりできるようにする仕組み、つまりコンピュータープログラムのことです。

ChatGPTは、生成AIを使ったチャットボットを世界中の人が使えるようにした、画期的なサービスとして注目を集めました。

チャットボットが誕生した1966年当時のプログラムは、自然言語処理プログラムというものを活用して、たとえば、人間が「こんにちは」と入力すると、「こ

んにちは」と返事ができ、ある程度人間同士が会話しているように言葉をやりとりすることができるというものでした。

一定のパターンやルールを当てはめることで、人間が入力した情報に対して、回答を出すというものです。たとえば、相手が「こんにちは」と言ったら、「こんにちは、お元気ですか」と答える、というようなパターンが決まっていたのです。

これに対して、ChatGPTも自然言語処理プログラムを利用していますが、中身はまったくちがうといってよいほどに進化しています。

なにがどう進化しているのかというと、それがまさに生成AIを使っているという点にあるのです。

ChatGPTにできること

チャットボットは、ルールやパターン通りに決まった答えを出します。しかしChatGPTは、質問の内容を理解して、どのように答えるのが最適なのかを、自ら考える（生成する）ことができるようになったのです。

ChatGPTは、だれでも無料で使うことができます。有料版もあって、有料版のほうが機能的に優れていますが、生成AIのチャットボットがどのようなものなのかを体験する上では、無料版でも十分です。

ChatGPTの使い方はとても簡単です。

あらかじめ登録をする必要がありますが、登録手続きだけすませてしまえば、基本的に無料でいつでも利用することができます。

登録がすんだら、ChatGPTのウェブサイトにログインして、そこに表示される質問の入力欄に、質問事項などを入力するだけです。

ChatGPTの初期画面   URL：https://chatgpt.com/

ここに質問を入力する

26

第 1 章　AIってなに？

ChatGPT のやりとり

「夏休みの自由研究のテーマを教えて」というおおまかな質問だと、おおまかな回答しか返ってこない。「小学3年生」というレベルなどの条件を加えると、条件に合った回答が返ってくる。

夏休みの自由研究のテーマを教えて

夏休みの自由研究のテーマについていくつか提案しますね。あなたはAIに興味があるので、それに関連したテーマを選ぶと楽しく取り組めると思います。

1. **AIと機械学習の基礎**: AIがどのように学習するのかを簡単なプログラムを使って学ぶプロジェクト。例えば、簡単なデータセットを使ってAIにパターンを認識させる実験を行い、その結果をまとめます。

2. **AIの歴史と未来**: AIの発展の歴史を調べ、未来のAIの可能性について予測するプロジェクト。重要なAI技術のマイルストーンや現在のAI技術の応用例について調べてみてください。

3. **AIと日常生活**: AIが私たちの日常生活にどのように影響を与えているかを調査するプロジェクト。スマートフォンのアシスタント、レコメンデーションシステム（NetflixやAmazonのような）、自動運転車などの具体例を挙げて調査します。

4. **AIの倫理と社会的影響**: AIの発展が社会にどのような影響を与えるか、そしてその倫理的な問題について調査するプロジェクト。AIによる雇用の変化やプライバシーの問題などについて考察します。

5. **AIを使った簡単なアプリケーションの開発**: 例えば、顔認識や物体認識を行う簡単なアプリケーションを作ってみるプロジェクト。ScratchやPythonのライブラリ（例: TensorFlowやOpenCV）を使うと、初心者でも取り組みやすいです。

どのテーマもAIの理解を深める良い機会になると思います。興味のあるテーマを選んで、楽しく研究を進めてくださいね。

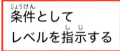
条件として
レベルを指示する

わたしは小学3年生です。どれがいいですか。

メモリを更新しました

小学3年生ということなら、もう少し簡単で楽しく取り組めるテーマが良いですね。以下の3つのテーマをおすすめします：

1. **AIと日常生活**:
   - AIがどのように私たちの日常生活に使われているかを調べるプロジェクトです。家にあるスマートフォンやタブレットで使われているAIアシスタント（例えばSiriやAlexa）について調べたり、AIが使われているおもちゃやゲームを紹介したりできます。

2. **AIを使った簡単なゲームの作成**:
   - 簡単なプログラミングツール（例えばScratch）を使って、自分で簡単なゲームを作ってみるプロジェクトです。例えば、キャラクターが動いて障害物を避けるゲームや、クイズを出題するゲームを作ることができます。

3. **AIとロボット**:
   - 家庭用ロボットやおもちゃのロボットにAIが使われている例を調べて、どのように動くのか、どんなことができるのかを調査するプロジェクトです。ロボットを動かしてみたり、写真や動画を撮ったりして発表することができます。

これらのテーマは楽しく、かつ理解しやすいのでおすすめです。ぜひ、自分が一番興味を持てるテーマを選んで、自由研究を楽しんでくださいね！

27

画像を作る生成AI

ChatGPTは、生成AIを世界的に有名にしました。そして今日では、それ以外にもさまざまな生成AIがインターネットを通じて利用できるようになっています。

ここでは、画像生成AIについて取り上げます。

ChatGPTは、文字（言葉）で質問などを入力すると、基本的に文字（言葉）で答えてくれる生型AIでした。

しかし今では、文字（言葉）で要望や条件などを入力すると、それに対応する画像を作り出してくれる、画像生成AIといわれるものも実用化されています。DALL-Eや、Stable Diffusionなどが画像生成AIです。

これらのプログラムは、あたえられた文字情報にもとづいて、新たな画像を生成します。

あたえられる情報は、文字情報のこともあれば、画像情報のこともあります。

画像生成AIが、どのような仕組みで新しい画像を生成するのかによって、あたえる情報が文字情報でいいのか、画像情報なのかが変わってきます。DALL-EやStable Diffusionなども、文字情報をあたえることで、それに適した画像を生成することができます。それができるのは、DALL-EやStable Diffusionに、テキスト（文字情報）から、画像を生成する仕組みが備わっているからです。

テキスト（文字情報）から、画像を生成するとき、AIはまず言葉や文章を理解します。たとえば、画像生成AIに、「学校の図書室で本を読んでいる小学生」を描きなさいと指示を出します。そうすると、AIはまず「学校の図書室」や「本」、「本を読む」という動作、「小学生」とはどのようなものかを理解します。その上で、これまでに読み込んでいる膨大な画像データの中から「学校の図書室」にあてはまる画像や「本」、「本を読む」という動作・姿勢、「小学生」の画像を選び出し、適切に組み合わせたり、加工したりして、新しい画像を作り出します。

「学校の図書室で本を読んでいる小学生」というプロンプトで生成された画像
※Stable Diffusionで編集部作成

> コラム

生成AIを使いこなすコツは、「Prompt(プロンプト)」!

　Prompt（プロンプト）というのは、もともと「（人を）刺激する」とか、「うながす」といった意味の英語です。コンピューター用語としては、コンピューターへ命令を出すための指示文や、回答をうながすための質問文などのことをいいます。

　ChatGPTでも、そのほかの生成AIでも、生成AIに対してなんらかの回答や出力をさせるときには、プロンプト、つまり質問文や命令文が必要となります。

　生成AIを活用する上では、このプロンプトがとても重要になります。つまり、プロンプト（質問文）の内容次第で、生成AIからの回答内容が大きく変わるのです。今後、生成AIの普及が進めば、プロンプトエンジニアリングの重要性も高まっていくことでしょう。

事例1 難しい回答をわかりやすい回答にしたいとき

プロンプト（質問）：プロンプトエンジニアリングとはなんですか？

ChatGPTの回答：「プロンプトエンジニアリング」という用語は、生成AIを操作する際に、プロンプト(入力テキスト)を工夫して使い、望む出力を得る技術や方法論を指します。つまり、特定の目的や要件に合わせて適切なプロンプトを設計し、生成AIに適切な指示をあたえることで、より望ましい結果を得るための取り組みを指します。

専門的で難しい……質問を変えてみよう。

プロンプト（質問）：小学生にも理解できるように、プロンプトエンジニアリングとはなにかについて、教えてください。

ChatGPTの回答：プロンプトエンジニアリングは、生成AIを使って文章や画像などを作るときに、どんな言葉や指示を使うかを工夫することです。つまり、AIに対して、ちょうど良い質問や命令をあたえて、思いどおりの結果を得る方法を考えることです。

専門用語がなくなって、わかりやすくなった！

ポイント だれに対する回答なのかを指定すると、対象に合わせた回答が得られるよ。

| 事例2 | 自分の希望に合った回答がほしいとき |

プロンプト（質問）：中国へ観光旅行に行きたいのですが、標準的な旅行プランを立ててください。

ChatGPTの回答：中国への観光旅行は、歴史的な名所や美しい自然景観、おいしい料理など、魅力が満載です。以下は、標準的な10日間の旅行プランの例です。出発地によって若干の変更があるかもしれませんが、基本的な観光スポットをカバーしています。

1日目：北京到着
2日目：北京観光
3日目：万里の長城
4日目：北京観光（続き）
5日目：西安への移動
6日目：西安観光
7日目：西安観光（続き）
8日目：上海への移動
9日目：上海観光
10日目：上海観光（続き）と帰国

10日は長いなあ……香港にも行きたいし。

プロンプト（質問）：10日は長いので、2泊3日で、香港にも立ち寄れるプランにしてください。

ChatGPTの回答：2泊3日で中国と香港を訪れる短期旅行プランを立てます。時間がかぎられているため、主要な観光スポットを効率よく回れるようにします。

1日目：北京到着

到着：北京首都国際空港に到着。
　　　ホテルチェックイン…市内のホテルにチェックイン。
午後：天安門広場…世界最大の広場である天安門広場を訪れる。
　　　故宮博物院（紫禁城）…中国の皇帝の宮殿を見学。
夕食：地元のレストランで北京ダックなどの名物料理を楽しむ。

2日目：北京観光と香港移動

午前：万里の長城（八達嶺長城）…早朝に出発し、万里の長城を見学。
午後：フライト…北京から香港へ移動（所要時間約3.5時間）。
　　　ホテルチェックイン…香港市内のホテルにチェックイン。
夕食：ビクトリア・ハーバー沿いのレストランで香港の料理を楽しむ。

3日目：香港観光と帰国

午前：ビクトリア・ピーク…ピークトラムに乗り、
　　　香港のパノラマビューを楽しむ。
午後：フェリー…スターフェリーで
　　　ビクトリア・ハーバーをわたる。
帰国：香港国際空港から帰国。

うん！これがいい!!

| ポイント | 条件を細かく設定すると、より希望に合った回答が出てくるよ。 |

第 2 章

AIはどうやって
進化した？

1 AIも学習してかしこくなる！

機械学習ってなに？

　実は、AIも人間のように学習することができます。ただ、人間とAIでは学習の仕方がちがいます。AIはコンピューターのプログラムなので、作られたプログラムにもとづいて答えを出しています。ですから、AIが学習する場合には、プログラムされている計算のやり方や適用すべきルールを調整することで、正解が出せるように"学習"するのです。

　たとえば、ネコの写真を100枚見せて、ネコの特徴をAIに学習させます。AIは、100枚の写真の中から、耳がとがっている、ヒゲがあるなどの共通しているポイントをルールとして導き出します。そうして、「ネコがどういうものなのか」をAI自身が学習して、ネコを判断するルールを身につけます。

　つまり、100枚の写真そのものを覚えるのではなく、ネコだと判断するためのルールや特徴を発見することが、AIにとっての学習です。ネコについて学習したAIに別のネコの写真を見せると、それがネコかどうかを判断します。これが機械学習なのです。

　ひと口に機械学習といっても、学習方法はいろいろありますが、大きく3つに分類できます。それが、教師あり学習、教師なし学習、そして強化学習です。

ネコの特徴は
・耳がとがっている
・ヒゲが生えている
・目がアーモンド形
など

第 2 章　AIはどうやって進化した？

2 区別や予測が得意な「教師あり学習」

教師あり学習とは

教師あり学習では、最初に、AIに学習させたいテーマについて、正解とセットになっている学習用のデータをたくさんあたえます。この、最初にあたえられる正解が、教師とよばれています。AIは、大量の正解データを学習することで、パターンやルールを見つけ出し、次に入力されたデータを、学習したパターンやルールにのっとって分類できるようになっていきます。

たとえば、リンゴとナシの画像を見せて、それがリンゴなのかナシなのか判断できるAIを作るとします。

まずは、学習用のデータとして、たくさんのリンゴの画像とナシの画像を入力します。このとき、それぞれの画像がリンゴなのか、ナシなのかという答え（正解）とセットで入力していきます。正解がわかっている画像をたくさん読み込んだAIは、リンゴとナシのそれぞれに共通する特徴（形や色など）はなにかを学習します。

学習が終わったら、実際にAIを活用します。学習では使用していない、リンゴかナシの新しい画像を入力し、「この画像はリンゴかナシか判断しなさい」と命令します。するとAIは、学習したデータと、新しく読み込まれた画像データを比較して、リンゴとナシのどちらにより近いかを判断します。

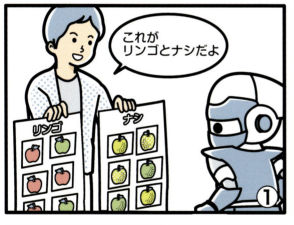

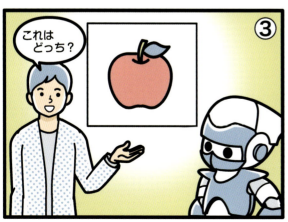

33

AIの答えの出し方

　この例のAIは、厳密にいえば「100%リンゴ（もしくはナシ）である」という答えを出しているわけではありません。

　AIは、見せられた写真を分析して、これまで見てきたリンゴやナシの特徴と見くらべます。そして、どちらか一方のみを選択するのではなく、「リンゴの特徴が70%」「ナシの特徴が30%」といったように、リンゴである可能性とナシである可能性を、それぞれはじき出します。

　そして、AIは「確率が51%以上あるほうの名前を答える」というルールがプログラムされているため、「それはリンゴ（もしくはナシ）です」と答えているのです。

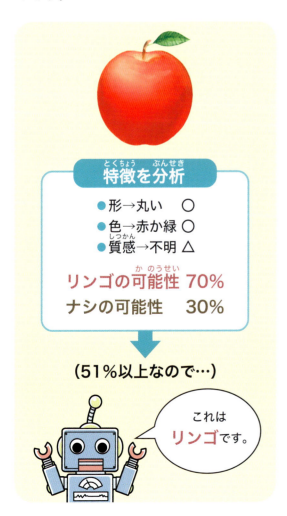

「特徴量」を決めることが大切！

　教師あり学習では、学習用データの中から、パターンやルール（＝共通の特徴）を見つけ出し、分類します。そのとき、データの中のどの特徴に注目したらよいか、人間が指定するのが従来の方法でした。

　この、注目すべき特徴のことを「特徴量」といいます。先ほどのリンゴとナシを判別するAIの例であれば、「形」「色」「質感」が特徴量ということになります。

コンピューターは色も数値で表すので、特徴"量"という言い方をする。絵の具を混ぜるといろいろな色ができるが、上の例は、赤を200、緑を5、青を40の割り合いで混ぜた色、という意味。

　リンゴやナシの画像について、なんの指定もなくAIに渡すと、さまざまな特徴を探し出します。その中には、「リンゴは木の板にのせられていることが多い」などのように、ナシと区別するという、本来の目的とは関係ない特徴を見つけ出す可能性もあります。特徴量がたくさんあると、AIはどれを参考にしてよいか迷ってしまいます。時間がかかるだけでなく、分類の精度が落ちてしまうこともあります。そのため、従来の教師あり学習では、

AIがパターンやルールを学習しやすいように、特徴量を指定していたのです。

教師あり学習の活用例

それでは、教師あり学習を活用したAIは、どのような場面で活躍しているのでしょうか？
活用例を見てみましょう。

■ 顔認証システム

AIに人が写ったたくさんの画像データをあたえてトレーニングすることで、正確に人の顔の特徴をつかめるようになり、登録された顔とカメラに写った顔が同一人物か、判断できるようになるのです。

■ X線撮影やMRI検査

医療診断の分野でも、教師あり学習を取り入れた画像認識AIが活躍しています。病気がないか検査するときに、X線（レントゲン）撮影やMRI検査で、体の中の写真を撮ることがあります。あらかじめAIに、健康な状態と病気にかかった状態の写真をあたえて学習させることで、新たにあたえる写真に病気や異常がないか、発見できるようになります。

3 分類が得意な「教師なし学習」

教師なし学習とは

AIに学習させたいテーマについて、最初にたくさんのデータをあたえるのは、教師あり学習と同じです。ただしそのデータは、正解とセットになっていません。前項のリンゴとナシの例でAIの立場になると、たくさんのリンゴやナシのデータを渡されるけれど、どれがリンゴでナシなのか、教えてもらえない状態です。お手本がないので、教師なし学習というわけです。

教師なし学習とは、あたえられたデータの中から、AI自身が自分でパターンや構造（＝特徴）を見つけ出すというものです。教師あり学習では、学習データ自体の正解がわかっていて、データの中のどの特徴に注目すべきかを人間が指定していましたが、教師なし学習では、そうした注目点の指定が不要です。

AI自身が注目点と、その注目点でどんなちがいがあるのかを学習するので、リンゴかナシの新しい画像をあたえて、「グループAかグループB、どちらかに分けなさい」と命令すれば、どちらのグループである可能性が高いか、答えてくれるようになります。

「特徴量」をAIが決める

教師あり学習では、人間が「耳の形に注目しなさい」とか、「口の大きさに注目しない」と特徴となるポイントを示すので、AIも分類がしやすいのですが、教師なし学習では、AIが自分でどこに注目すべきかを見いださなければなりません。

そのため、たとえば、リンゴとナシを区別するAIにおいては、色のちがいで分類してみたり、下にあるのが木の板か皿かで分類してみたりと、いろいろな分析をして、「色のちがいで分類できる」ということをAI自身が発見するのです。

このように、AIが自分で画像などの

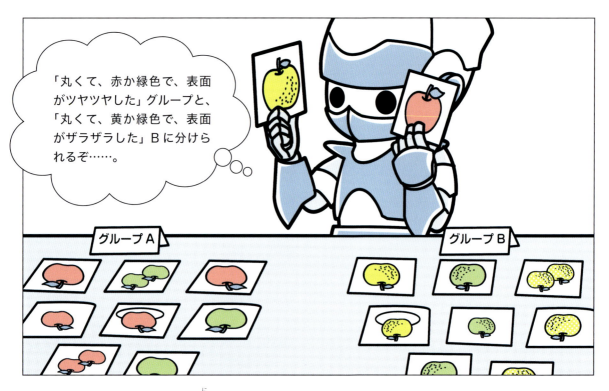

特徴を分類する方法には、似た特徴をもつグループに分類する方法をはじめ、いろいろな方法があります。AIが特徴量自体も学習するために、ディープラーニング（→39ページ）が使われることもあります。

どんなことに活用されている？

教師なし学習は、分類されたものがなにかわからなくても、分類すること自体に意味があるような場面で活用されています。

■ **お客さんの分類**

ウェブサイトで買い物をしたお客さんの特徴を知りたいときなどに使われます。ウェブサイトでなにを買ったか、ウェブサイトのどこを見ていたか、といった記録から、行動パターンが似ている人同士でグループ分けします。どんな特徴をもったグループがあるのかがわかり、新しい商品を売りたいときに、どんな売り方をするか考えるための参考になります。

■ **セキュリティ対策**

教師なし学習は、異常を検知するのにも利用されています。たとえば、インターネットのセキュリティは動きをリアルタイムで監視していて、いつもとちがう動きがあった場合は、ウイルス感染など危険な可能性があるので接続を切ります。

 ## 4 ごほうびでかしこくなる「強化学習」

強化学習とは

強化学習は、教師あり学習・教師なし学習とは少し性質が異なる機械学習です。教師あり学習・教師なし学習のように、まず学習用データで学習してから実践に進むのではなく、いきなり実践から始めて、その中で学習していきます。

36

第2章　AIはどうやって進化した？

強化学習では、AIが正しい選択をすると、ごほうび（たとえば、プラスの点数）をもらえるような仕組みになっています。AIはごほうびをもらおうと、いろいろな選択肢を試してみます。そして「こういうときにこうすると失敗する」「こういうときにこうすると成功する」という経験を積み重ねて、どんどんうまく行動できるようになっていきます。変化する場面の中でも、目標達成のために最適な行動を導き出すというのが強化学習です。

それは、ゲームと似ています。最初はゲームのルールがよくわからないので、手あたり次第に行動するでしょう。そうするうちに、どういう行動をするとゲームオーバーにつながるのかがわかってきます。さらには、どこで役に立つアイテムが手に入るのか、どの敵を倒すと得なのかといったことも覚えていきます。そして最終的には、目的とするゴールにたどり着くことができるのです。

強化学習でいろいろな方法を試す回数は、何千回、何万回にもなることが一般的です。それを人間が実際にやろうとすると、かなりの時間がかかってしまいます。その点、コンピューター上でシミュレーションするなら、高速で行うことができます。だからこそ、AIによる強化学習はとても便利なのです。

強化学習とディープラーニング

教師あり学習・教師なし学習のいずれも、ディープラーニング（→39ページ）を活用することができます。そして強化

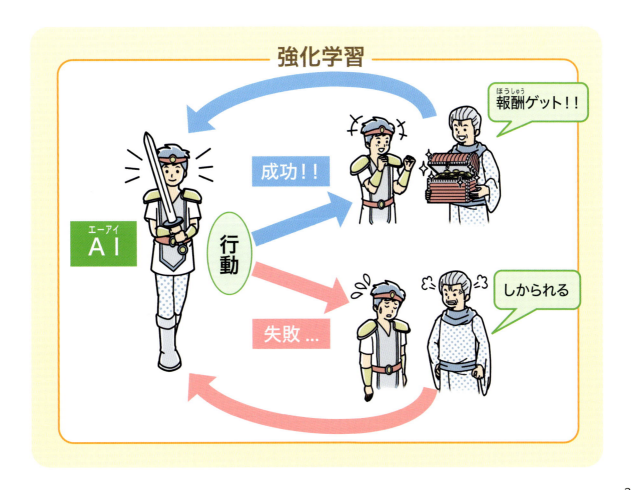

強化学習

37

学習でもディープラーニングを活用する場合があります。それを「深層強化学習」とよぶこともあります。

ディープラーニングを活用した強化学習では、通常の強化学習にくらべ、複雑な状況でも効果的な学習ができます。通常の強化学習では、人間によって設定された計算方法で学習する仕組みですが、ディープラーニングを活用した強化学習では、学習に適した計算方法を自動的に割り出してくれるのです。

どんなことに活用されている？

■ゲーム

強化学習の説明としてゲームを例にとったように、強化学習は、ゲームの分野で広く使われています。強いAI（→16ページ）・特化型AI（→18ページ）の説明で取り上げた、囲碁AIの「AlphaGO」も、強化学習を活用しています。囲碁で勝つこと自体をごほうびとして、ゲームの状況に応じて最適な選択ができるよう学習し、世界でもトップレベルのプロ棋士に勝ったのです。

■ロボット制御

ロボットが正しい行動をしたときにごほうびをあたえることで、より適切な行動がとれるように学習します。たとえばロボットアームの制御では、モノを正しくつかんだときにごほうびをあたえることで、ものをつかむのが正しい行動だと学習します。こうして、ロボットは自分にあたえられた仕事をこなせるようになってきます。

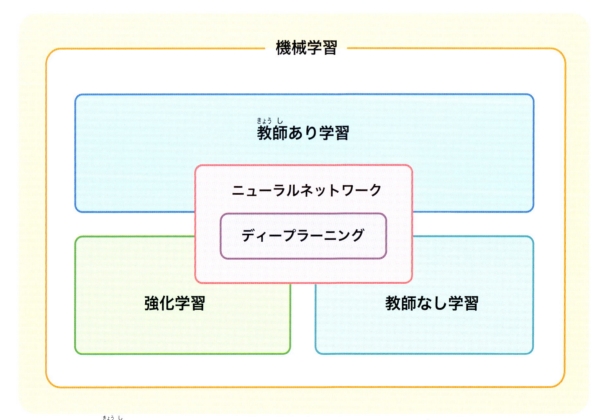

機械学習には、教師あり学習・教師なし学習・強化学習という3つの分類がある。その3つの分類にまたがって、ニューラルネットワークという技術が、さらにその中により高度なディープラーニングという技術がある。

2 ディープラーニングでAIはもっとかしこく！

1 ディープラーニングでAIが進化

AIが進化した過程の中で、機械学習や、その機械学習をより高度なものにしたディープラーニングは、とても大きな役割を果たしています。

ディープラーニングがどのようなものなのかを理解する上では、ニューラルネットワーク（neural network）について知っておく必要があります。

ニューラルネットワークとは、人間の脳の中にある神経細胞が働く仕組みを、コンピューターの仕組みとして応用し、さまざまな情報を処理しようとする考え方のことです。

ニューラル（neural）というのは、神経などを指す英語で、直訳すれば、「神経のネットワーク」ということになります。

人間は、目や耳や鼻などの感覚器官から入ってきた刺激（情報）を、いくつもの神経細胞を経由しながら、少しずつ情報を処理して理解しています。

2 人間の脳の仕組みをAIのモデルにする

人間の脳内には、たくさんの神経細胞（ニューロン）があります。そして、感覚器官（たとえば、目）から入ってきた情報は、無数にある神経細胞（ニューロン）を経由しながら、最終的に大脳皮質で「見ている」と理解されます。

初めてネコを見た場合、それがネコだと理解されることはありません。しかし、「これがネコだよ」と教えられると、「そうか、これがネコか」と理解します。でもそのあと、ちがうネコを見たときに、それがネコかどうかを理解できるとはかぎりません。人間もたくさんのネコを見て学習することで、ネコの特徴を理解するようになり、その特徴に合致するかどうかで見たものがネコか判断します。特徴はひとつではありません。耳や鼻の位置と形、そのほかにも口、目、しっぽなど、いろいろな特徴をつぶさに確認して、最後には総合的に「これはネコだ」と判断するのです。

あるニューロンは、耳に注目してネコの特徴があるかどうかを判断し、次のニューロンでは目に注目してネコの特徴があるかどうかを判断して、さらに次のニューロンでは……というように無数のニューロンを経由して、情報を整理し、理解につなげているのです。

さらにニューロンは、重みづけということも行っています。目の特徴はネコかどうかを判断する上であまり役に立たないとなれば、この情報はあまり重視されません。重視されない、ということは重みづけが軽いということです。

しかし、ネコかどうかを判断する上で、

> 人間の場合

目でモノを見る場合、目という感覚器官を通じて映像が情報として入力され、その情報が脳内の神経細胞を行き交いつつ、その映像の中にあるさまざまな情報を整理していく。色合いや形、大きさ、素材の風合いなどの情報から、塀であること、その塀が木製であること、その塀の上を生き物が歩いていること、その生き物がネコであること、そうしたことをひとつひとつ分解して整理し、脳内で「木の塀の上をネコが歩いている」という理解にたどり着く。

> AIの場合

ニューラルネットワークでは、情報が入力される部分（人間でいう目や鼻などの感覚器官）を入力層、最終的に出力される部分（人間でいう大脳皮質）を出力層とよぶ。この入力層から出力層にたどり着くまでの間に、人間でいう神経細胞（ニューロン）にあたるものとして、隠れ層がある。
目からの情報にもとづき、それが「ネコ」だと判断するまでに、いくつもの隠れ層を経由して、さまざまな情報が処理され、最終的に「木の塀の上をネコが歩いている」ということを理解する。

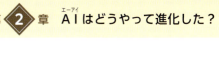

第 2 章　AIはどうやって進化した？

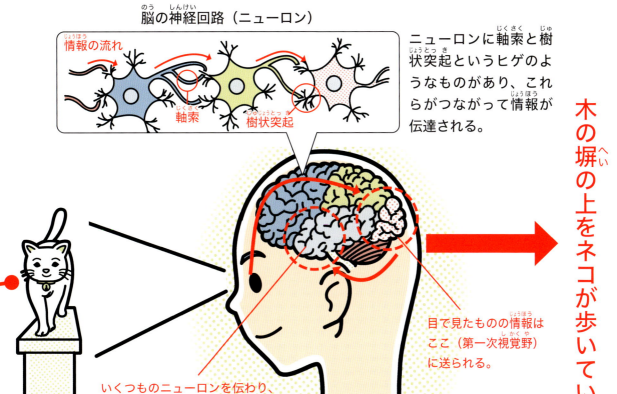

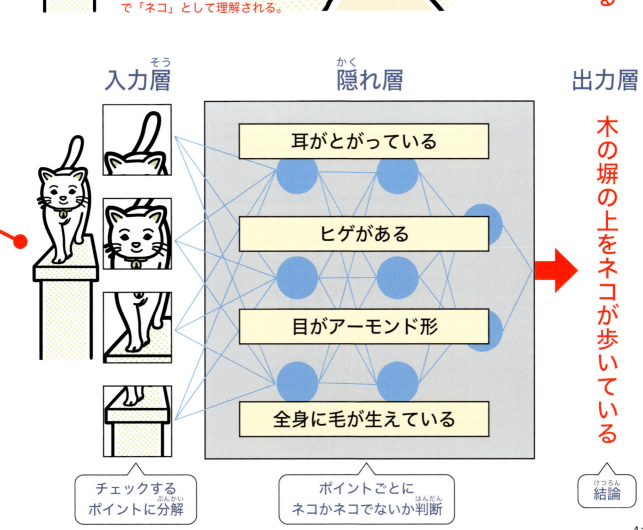

耳の形が重要だとなれば、そこには重点をおいてじっくりと判断するようにします。重みづけが重くなるということです。

こうした人間のニューロンの仕組みと似たようなことが、ニューラルネットワークでも行われています。

たとえば、ネコの写真を見せて「これはネコです」と教えると、ちがうネコの写真でもネコだとわかるようになります。これは、ニューラルネットワークがデータを学習し、その中から特徴を見つけ出すだけでなく、重みづけによって、より重要な特徴がなにかを学んでいくからです。

1万枚のネコの写真で訓練し、ネコの特徴を学習したニューラルネットワークは、さらに次の1万枚のネコの写真を見て、ネコかどうかを判断しつつ、ネコの特徴の理解をさらに高度化し、より深く学習するのです。

3 ニューラルネットワークの考え方を機械学習に応用

こうしたニューラルネットワークの考え方を応用して、機械学習の方法として確立したのがディープラーニングです。

ディープ（Deep）は、深いという英語です。つまりディープラーニングとは、より深く学習する仕組みだということです。

ディープラーニングは、ニューラルネットワークの基本の考え方である「入力層→隠れ層→出力層」のうち、「隠れ層」部分のボリュームを多くすることで、より高度な分析・判断ができるようになります。これをニューラルネットワークの多層化といいますが、この多層化が進むことによって、さらにAIはかしこくなるのです。

たとえば、リンゴかナシかを判断するAIにおいて、隠れ層が3つだとすると、「色」という特徴を学習し、分析・判断する層と、「形」という特徴を学習し、分析・判断する層、そして「表面のざらざら感」という特徴を学習し、分析・判断する層、つまり3つの特徴で判断します。しかし、これがより多層化されていれば、「色」「形」「表面」のほかに、「表面の模様」「葉っぱの形」「へたの形」「へたの色」など、より多くの特徴を分析できるので、3つの層しかない場合とくらべて正確に判断することができるようになります。

ニューラルネットワークの多層化により、生成AIも種類が増えた。

> コラム

AIはどうやって発展したの？

■ AIの始まり

　AIという言葉が登場したのは、1956年のことです。アメリカのダートマス大学で計算機（現在でいうコンピューター）を研究していたジョン・マッカーシーが中心となって、ダートマス会議とよばれる会議を開きました。そこで、"人間のように考えることのできる機械"という意味で、初めて「AI」という言葉が使われたのです。これをきっかけとして、本格的なAIの研究が始まりました。

　このころは、コンピューターの性能がとても向上した時期だったので、コンピューターがどんどん高度になっていけば、いつか人間のように自分で物事を考えられるようになるだろうと、当時の科学者たちは考えたようです。

■ 第1次AIブーム

「推論」と「探索」がテーマ

　1960年代になると、多くの科学者たちがAIを研究するようになりました。これが第1次AIブームです。

　第1次AIブームでおもに研究されたのは、「推論」と「探索」です。

　「推論」とは、すでにわかっていることをつなぎ合わせて、まだわかっていないことを予想することです。

　「探索」とは、目標にたどり着く手順を何段階かに分けて、各段階で用意

推論

A=BでB=CならA=Cが成立する、という考え方が推論。

探索

学校から家までの道順は1つではないが、なるべく早く着きたければ答えは1つ。学校を出て最初の分かれ道では左右どちらに行くのか、左を選んだ場合、次に分かれる十字路では左右中央のどちらへ進むのかなど、分かれ道ごとに進むべき方向を探すのが探索。

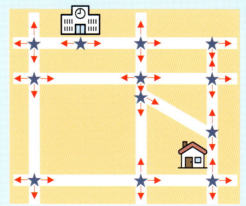

された選択肢からより良いものを選ぶことで、目標までたどり着こうとする考え方です。

"おもちゃの問題"しか解けない？

推論や探索は、今でも使われているとても有効な考え方です。しかし、どんな問題でも解決できるわけではありません。推論や探索は、ゲームやパズルのようにルールが決まっている問題は得意ですが、そうでない問題は苦手なのです。そして現実では、必ずしもルールが守られるとはかぎりません。たとえば、人が横断歩道をわたっているときは、車は止まって待つのがルールです。しかし実際には、人に気付かず、車が突っ込んできて事故になることがあります。そうした事故をなくすためにはどうすればいいか、という問題に対しては、推論や探索では答えが出せなかったのです。

このため、「AIはトイ・プロブレム（おもちゃの問題）しか解けない」といわれるようになり、第1次AIブームは終わったのです。

■第2次AIブーム

「エキスパートシステム」がテーマ

1980年代の中ごろから、第2次AIブームが訪れました。きっかけは、メインフレームとよばれる大型コンピューターが販売されるようになったことです。メインフレームは大型なの

で、大量の情報を高速で処理することができました。そこで活用されたのが、第1次AIブームのときに生まれた「エキスパートシステム」です。

「エキスパート」とは専門家を意味する英語です。よってエキスパートシステムとは、"専門家の知識をもったAI"のことです。世の中にはいろいろな専門家がいて、中には生活や仕事でこまったときに助けてくれる専門家もいます。たとえば医療の専門家である医師、法律の専門家である弁護士、税金の専門家である税理士などです。こうした専門家の知識や判断基準などをAIにインプットすれば、いつでもだれでも専門家の知識を仕事や生活で生かせるようになると考えたのです。

こうしてエキスパートシステムは世間の注目を浴びるようになり、2回目のAIブームを起こしたのです。ただし、あらゆる専門知識がひとつのAIに盛り込まれるわけではなく、医療なら医療、法律なら法律に特化したシステムが作られました。

"常識"がないと実用には足りない

しかし、このとき作られたエキスパートシステムは、期待されたほどの成果を上げることはできませんでした。専門知識をインプットするだけでは、適切な判断ができなかったからです。

たとえば、医療に関するエキスパートシステムに、「体温が37度を超えたら病気の可能性が高い」という診断ルールをインプットしたとします。風

心拍数120 心臓病の恐れがあります

「常識」がないと、風呂上がりの一時的な体温上昇や、ランニング後の一時的な心拍数の上昇を、病気と診断してしまう可能性がある。

邪などの病気によって熱が上がり、体温が37度を超えてしまうことはよくありますが、病気以外でも熱が上がることはあります。熱いお風呂にじっくりつかると体温が1度ほど上がるといわれていて、平熱が36度から37度の間であれば、入浴直後は37度を超えていることになります。このように、体温が37度を超えていても、人間であれば、体温を測ったときの状況から「お風呂に入ったから体温が上がってしまったんだな」と"常識的な"判断を下せます。しかし、AIは常識をもっていないので、「病気の可能性が高い」と診断してしまうのです。

■ 第3次AIブーム

「機械学習」と「ディープラーニング」がテーマ

第3次AIブームは、2010年代に始まり、現在も続いているという人もいます。このブームで注目されているのが、「機械学習」の一種である「ディープラーニング」です。ディープラーニングなどの機械学習は大量のデータを利用する仕組みで、大量のデータがなければ、正しい結果を出せない可能性もあります。そのため、まずは大量のデータを用意することが前提ですが、それを提供してくれるのがインターネットです。大量のデータを用意する方法はインターネットだけではありませんが、アクセスさえすれば大量のデータを閲覧できるので、もっとも使いやすい提供元なのです。

またインターネットの広がりと合わせて、コンピューターの性能がレベルアップしたこと、インターネットに接続するための通信回線がより高速になったことなど、AIを研究しやすい環境が整ったことが、第3次AIブームにつながったのです。

第4次AIブームが始まった？

2023年ごろに第4次AIブーム

が始まったと考える人が出てきました。きっかけは、対話型の生成AI「ChatGPT」の登場です。それ以前のAIが、物事を判別したり、識別したりする能力で人間を超えていたのに対し、生成AIは、新たになにかを作り出すという点で、人間の能力を超えようとしています。これが第4次ブームの特徴だと考える人が少なくないのです。

この「ChatGPT」が世界中で注目されるようになって以降、画像や動画などを作り出す生成AIが次々と発表されて話題となっています（→90ページ）。

AIの進化

	〔第1次AIブーム〕
1956年	アメリカのダートマス会議で、初めて「AI」という言葉が使われた。
1965年	エキスパートシステム「Dendral（デンドラル）」が誕生。
1966年	対話型自然言語処理プログラム「ELIZA(イライザ)」が誕生。チャットボットの元祖となる。
1979年	日本に一般社団法人 人工知能学会が設立される。
	〔第2次AIブーム〕
1986年	ミュンヘン大学で自動運転車の実験に成功。
1997年	IBMが開発したAI「ディープブルー」が、チェスの世界チェスチャンピオンに勝利した。
2002年	AIを搭載したロボット掃除機「ルンバ」が発売された。
	〔第3次AIブーム〕
2011年2月	IBMが開発した質問応答型コンピュータープログラム「ワトソン」が、アメリカの人気クイズ番組で2人の元チャンピオンに勝利した。
10月	「Siri（シリ）」を搭載したiPhone 4Sが発売され、チャットボットが広く知られるようになる。
2012年	Googleが開発したAIがニューラルネットワークを活用し、ネコの認識に成功。
2017年	Amazonの「Alexa」、Googleの「Googleアシスタント」などの家庭用スマートスピーカーが発売された。
2020年10月	ウェイモが米アリゾナ州フェニックスで完全無人車両での自動運転タクシー配車サービスを開始。
	〔第4次AIブーム？〕
2022年11月	OpenAI社が、生成AI「ChatGPT」を公開。
2023年5月	「ChatGPT」の日本語対応版が公開。
2023年10月	画像生成AI「DALL-E 3」が登場。

第 3 章

身近なところで活躍するAI

1 本物そっくりの画像を作るAI

1 AIで画像を作る基本的な手順

　AIが画像を生成する技術はどんどん進化していて、画像生成AIを使ったアプリやサイトも急速にふえています。

　画像を生成するためのもっとも基本的なステップは下図のとおりです。

　アプリやサイトによっては、②でイメージを入力した後、画像のサイズや縦横比を指定することができます。また、④で生成される画像が1枚だけというサービスもあれば、4枚生成されて気に入ったものをダウンロードできるというサービスもあります。

3 画像を生成する魔法の「呪文」

　AIは、たくさんの写真やイラスト、絵画などの画像をあたえられ、それぞれの特徴について学習しています。ステップの②でイメージを言葉で伝えられると、その言葉を理解・解釈し、学習した内容をもとに、イメージに合った画像を新たに生成します。

　AIによって、事前に学習している内容がちがったり、言葉に対する理解の仕方がちがったりするため、同じ言葉を入力しても、アプリやサイトがちがえば生成される画像もちがってきます。

　②でAIへイメージを伝えるために入

※ https://stablediffusionweb.com/ja/WebUI#demo

①画像生成ができるアプリやサイトを開く

②生成したい画像のイメージを言葉で入力する

③画像生成を実行するボタンを押す

④AIが生成した画像が表示される

第 3 章　身近なところで活躍するAI

力する言葉（単語や文章）が「プロンプト」です（→ 29 ページ）。

生成 AI に、自分のイメージどおりの出力をさせる上で、このプロンプトをどう入力をするか（条件設定をするか）が重要だということは、コラムで説明しましたが、画像生成 AI では、特に重要になります。プロンプトの内容によって、生成される画像がまったくちがってきます。つまり、イメージどおりの画像が作れるかどうかは、プロンプトの書き方にかかっているのです。

生成された画像が、思ったとおりでなければ、プロンプトを変えてやり直すのが基本です。いろいろなプロンプトを試すとよいでしょう。

3　さまざまなイラストを作れる！

AI が生成する画像というと、写真のようにリアルなテイストをイメージするかもしれませんが、AI の学習内容によって、アニメ風のイラストを生成したり、水彩画のような絵を生成したりすることもできます。ステップの②でプロンプトを入力して画像を生成するときに、写真風にするか、アニメ風にするか、水彩画風にするかなど、テイストを選べるアプリやサイトもあります。

また、言葉でイメージを伝えて画像を生成するのではなく、すでにある写真を、AI を使ってアニメ風にしたり、水彩画風にしたりするサービスもあります。

さらに、AI が画像を生成する機能は、画像を編集する機能とセットになっていることもあります。その場合は、たとえば AI で生成したキャラクターの背景に、別の画像の風景を合成したりすることもできます。

このように、AI を活用することで、実際には存在しない人物や風景のリアルな画像を作ったり、絵が苦手な人でも簡単にイメージを形にしたりすることができるのです。

プロンプト：遊園地で楽しそうに笑っている子ども

テイスト：なし

同じプロンプトで「アメリカンコミック」テイストを選択して生成

同じプロンプトで「アニメ」テイストを選択して生成

※生成画像は MyEdit で編集部生成

2 ゲームにかかわるAI

1 ゲームをプレイするAI

これまで説明してきたように、AIは昔からゲームとのかかわりが深いです。AIはさまざまなゲームで人間のレベルに追い付き、追い越しています。

たとえば2019年、「AlphaStar」というAIが、「スタークラフト2」というゲームで、プロのプレイヤーに勝利しました。スタークラフト2は、3つの種族による陣取りゲームで、種族を選んで司令官となり、戦略を練って相手の陣地を切りくずしていきます。リアルタイムで進行するので、なにかあればすぐに対応しないといけません。いろいろなことを同時に、状況に合わせてすばやく行わないといけないので、1手ずつ交替で進行する囲碁より、ある意味複雑だといえます。そういったゲームでも、AIは人間に勝てるようになっています。

2 AIがゲームをプレイするメリット

AIがゲームをプレイすることで、AIの能力が向上し、またAIの能力が高いことを証明することにもなりますが、メリットはそれだけではありません。

「グランツーリスモ」という自動車レースシミュレーションゲームでは、「グランツーリスモ・ソフィー（GTソフィー）」という、AIレーシングドライバーが登場しました。レースゲームは、ボードゲームや戦略ゲームよりも、すばやい判断をつねに求められます。GTソフィーは、そういった状況の中で最速を目指すだけでなく、反則行為をせずに走る学習もしています。これは、自動運転車の開発にも役立つと期待されています。

また、AIがゲームをプレイすることは、ゲームの開発にも活用できます。ゲームは複雑なつくりをしているので、プログラミングのミスでエラーや不具合が発生することがあります。そうしたミスがないかチェックするため、テストプレイをくり返すのですが、時間も労力もかかって大変な作業です。それをAIにプレイさせることで、ゲーム開発の負担が少なくなります。

グランツーリスモのプレイ画面

第 3 章　身近なところで活躍するAI

3 ゲームを動かしているAI

　ゲームを動かしているAIは大きく3つに分類されています。

キャラクターAI

　ゲームには、プレイヤーが操作しないキャラクターがいます。たとえば、格闘ゲームの敵キャラクターや、RPGでプレイヤーに協力するキャラクターなどです。そういったキャラクターを動かすのがキャラクターAIです。初期のコンピューターゲームでは、決まった動きしかできませんでしたが、だんだんとその場に応じた複雑な動きができるようになってきました。キャラクターAIの進化によって、ゲームでよりリアルな体験ができるようになったのです。

メタAI

　ゲームをしていると、なにかしらイベントが起きてストーリーが進んだりします。そういったゲーム全体の進行やバランスを管理するのがメタAIです。たとえば、プレイヤーが苦戦しているようなら、敵の強さを調節したり、逆に順調すぎるようなら、新たなミッションをあたえたりして、難易度を調整します。メタAIによって、プレイヤーがバランスよくゲームを楽しめるようになっています。

ナビゲーションAI

　ゲームをしていると、位置情報やゲームの進捗状況を知らせる表示がされたり、進路に合わせて敵キャラクターが出現したりすることがあります。ゲーム内の経路やゲームの進捗状況などを、プレイヤー・キャラクターAI・メタAIなどに共有するのがナビゲーションAIです。

51

3 手を使わず便利なAI音声アシスタント

1 音声で働くAIアシスタント

　AIを活用して、人間の代わりにいろいろなことを手助けしてくれるソフトウェアや機械を、「バーチャルアシスタント」や「AIアシスタント」などとよびます。特に、話しかけると質問に答えたり、たのんだことを実行してくれたりするものを指すことが多いです。AIアシスタントは、下の図のようなステップでユーザーの命令を実行します。

　②ではAIによる音声認識が、③では自然言語処理が行われています。そして、これらの音声認識と自然言語処理の精度を高めるために、機械学習が取り入れられています。

　AIアシスタントが搭載されている機械単体を操作することもできますが、ほかの機械と連携させて使うことでさらに使い方の幅が広がります。

2 単体の機械で働くAIアシスタント

　単体の機械で働くAIアシスタントの代表例が、スマートフォンに内蔵されている音声アシスタントです。iPhoneに内蔵されている「Siri」や、Androidスマートフォンに内蔵されている「Googleアシスタント」などです。話しかけるだけで、簡単にスマートフォンを操作することができます。アラームの設定や、カレンダーの予定の確認なども、わざわざ文字を入力せずに実行できます。「今日の天気は？」と聞けば、アプリを立ち上げてインターネットに接続し、天気予報で調べた結果を教えてくれたりもします。手がふさがっていて指で操作するのが難しいときなどは、特に便利な機能です。

3 ほかの機械と連携もできるAIアシスタント

家電と連携するスマートスピーカー

　ほかの機械と連携するAIアシスタントの代表例が、スマートスピーカーです。スマートスピーカーに「テレビをつけて」と話しかけるだけで、テレビの電源が入ったり、「照明を消して」と言うだけで、部屋の照明が消えたりします。

　なぜそんなことができるかというと、スピーカーとそれらの家電が、インターネットを通じてつながっているからです。昔はインターネットといえば、パソコンの画面上で情報を確認・収集するためのものでした。しかし今では、さまざまなモノがインターネットを通じて、情報をやりとりできるようになっています。この情報のやりとりによって、家電の操作もできるようになったのです。

インターネットでつながる家電

　このように、いろいろなモノがインターネットとつながるようにすることを、IoT（モノのインターネット）といいます。最近ではIoT家電とよばれる家電がたくさん販売されるようになりました。IoT化が進むことで、家電をはじめ、さまざまなモノを連携させられるようになったのです。逆を言えば、インターネットに接続できない家電は、スマートスピーカーで操作することはできません。

スマートスピーカー単体でできること

　スマートスピーカーは、家電を操作するだけでなく、インターネットとつながることによって、世界中のホームページから、たくさんの情報を集めることもできます。服を選ぶのに気温を知りたいと思ったら、スマートスピーカーに「今日の気温を教えて」と話しかけるだけで、インターネット上の天気情報を確認し、わたしたちに教えてくれたりします。

　スマートスピーカーは、単体でも、連携しても活躍する、有能なAIアシスタントだといえます。

最近の自動車は、スマートスピーカー機能を搭載し、ドライバーが声で、カーナビやエアコンなどを操作できる。

暑いのでエアコンをつけて。設定温度は26度で。

4 交通事故をへらすAI搭載の自動運転車

1 自動運転車とAI

自動運転車にはレベルがある!?

　自動運転車というと、人間が運転しなくても、自動でどこへでも行けるような車をイメージすると思いますが、ひと口に自動運転といっても、実はいくつかのレベルに分かれています。わたしたちがイメージするような完全な自動運転車は、レベル5になります。

　2023年4月、過疎地域や高速道路など特定の条件において、レベル4の自動運転が解禁になりましたが、日本で市販車として実用化されているのはレベル3までです。（→自動運転レベル：71ページ）

車の運転にはハプニングがつきもの

　車を運転していると、さまざまなことが起こります。段ボールなどの障害物が落ちていたり、子どもが飛び出してきたり、道路の脇を走っていた自転車が倒れてきたり……。

　このように、交通ルールを守っているだけでは、交通事故を完全に防ぐことはできません。つねに周りの状況をよく見て、なにかあれば臨機応変に対応しなければいけないのです。

2024年7月、羽田空港「自動運転レベル4」の無人貨物搬送を試験運用

第 3 章　身近なところで活躍するAI

しかし、起きるかもしれないすべての状況を想定して事故防止のプログラムを組むのはとても大変で、現実的とはいえません。一方AIなら、自分で学習して分析や予測もできるようになるので、初めて目にすることでも正しく認識して回避行動を取るなど、柔軟な対応が期待できます。

2 自動運転におけるAIの役割

自動運転におけるAIの役割は、おもに「認知」「判断」「操作」の3つです。各種のセンサーが、周りを走っている車や歩行者、道路の白線や交通標識などを「認知」し、その情報をもとにどのように動くかを「判断」、その判断に従って車の動きを「操作」します。

実際の道路の状況に合わせて適切に判断するためには、車のセンサーがとらえた物体が歩行者か車かなど、物事を正しく識別できないといけません。これは 20 ページで説明したような、画像認識の技術です。自動運転車に搭載されたAIは、画像認識の精度を上げるために、機械学習を利用したトレーニングを行っています。

5 レベル5の実現への課題

AIが進化することで、レベル5の完全自動運転の実現が、だんだんと近づいてきました。しかし一方で、いくつかの課題も出てきています。

代表的なのが「トロッコ問題」です。ブレーキの壊れたトロッコが、そのまま進めば線路上にいる5人が犠牲に、進路を変えれば線路上の1人が犠牲になるという状況で、どちらを選択するのか？　という問題です。

似たような状況が、自動運転中にも起こる可能性があります。たとえば、車のブレーキが故障してしまい、そのまま進めば目の前の歩行者が犠牲になるけれど、ハンドルを切れば壁に衝突して、歩行者は助かり、ドライバーが犠牲になるといった状況です。

このようなAIの倫理的な問題は、結論が出るまで長い時間がかかるでしょう。

ブレーキは間に合わない！ハンドルを切る？そのまま進む？　どうしよう……！！

55

5 病気を早期発見するAI

1 医師不足をささえるAI

医療の分野でも、AIの活用は進んでいます。特に進んでいるのが、AIによる画像診断です。画像診断とは、体の内部をいろいろな方法で撮影して、異常がないかを調べることです。AIは、正常な状態と異常な状態の画像、判断基準などのデータをあたえられ、異常があるかどうかを見分けられるように学習します。

日本は、CTやMRIといった画像診断機器の保有数が、世界でもトップレベルです。ところが、撮影された画像を見て病気かどうかを診断できるのは、医師の中でもその専門の医師だけです。撮影された画像の量に対して、診断できる医師が足りないのが現状です。

最終的な診断は医師がしますが、AIによる診断を取り入れることで、医師の負担がへり、検査のスピードだけでなく、精度も上がります。そうすれば、病気を早期に発見することもできるのです。

2 AIによる画像診断の活用例

それでは、実際にAIが活用されている事例を見てみましょう。

胸部X線画像を診断するAI

学校の健康診断でも行われる胸部X線検査（胸部レントゲン検査）は、胸全体にX線を照射して、肺や心臓などに異常がないか確認する検査です。肺結核や肺炎などの肺の炎症、肺ガン、心臓病、心肥大、胸部大動脈瘤などの病気がわかります。

AIは、X線画像を解析して、異常がありそうな場所を見つけ出し、マーキングして表示します。医師がマーキングされた場所を再確認しながら診断を行うので、見落としを防いで精度の高い検査が可能となります。

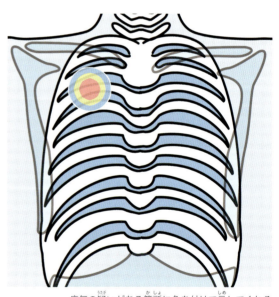

病気の疑いがある箇所に色を付けて示してくれる

内視鏡AI

内視鏡検査とは、先端にビデオカメラが付いている柔らかい管を口やおしりから入れて、胃や大腸などの中を観察する検査です。粘膜に異常を見つけたら、そ

の粘膜の一部を取り出し、顕微鏡でくわしく観察して、ガンかそうでないかを判定します。

内視鏡AIとは、内視鏡検査中に、AIの画像認識機能でガンの疑いがある場所を見つけるシステムです。AIがリアルタイムで画像を解析し、モニターに映し出される内視鏡映像に、ガンの疑いがある部分を表示することで、医師の診断の手助けをします。

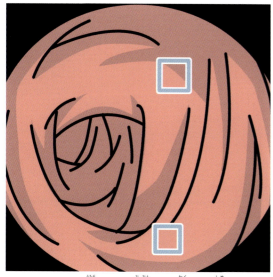

ガンの疑いがある部分を四角枠などで示してくれる

インフルエンザを検査するAI

インフルエンザの検査では、鼻に綿棒を入れて粘膜を採取する方法が一般的です。ただ、この方法は痛みを感じて苦手だという人も多くいます。また、症状が出てから12時間以降でないとウイルスを検出できないので、タイミングによっては翌日にもう一度検査をしに病院へ行くことになりかねません。

AIを活用した検査法では、のどの写真を撮り、インフルエンザにかかると現れる特徴的なプツプツがないかを判定します。肉眼では判別が難しいのですが、AIは高い精度で判別できます。この画像診断と、医師の問診とをあわせて、インフルエンザかどうかを診断します。

このプツプツは発症するとすぐに現れるので、検査するタイミングが早すぎて正しい診断結果が出ないということもありません。検査の結果は数秒から十数秒で出るので、患者にも医師にも負担の少ない検査方法です。

高性能な専用カメラでのどを撮影。撮った写真をAIが判別

3 問診もAIにおまかせ！

画像診断以外にも、AIは医療のさまざまな領域で活用されています。

たとえば、AIによる問診サービスがあります。問診とは、患者に今の症状や、これまでかかった病気などを聞き、診断の手がかりを得ることです。通常は医師による問診の前に、受付で紙の問診票に書き込みます。それを来院前に、自宅でスマートフォンやタブレットに入力することですませられるのです。

また、症状や回答によって質問が変わっていくので、通常の問診票より詳細な内容を聞き取ることができます。このため、実際に医師と会うころには、ある程度病名が割り出されているのです。

6 言葉の壁を超えるAI翻訳

1 AI翻訳とは

　コンピュータープログラムを利用して、ある言語を別の言語に置きかえることを、「機械翻訳」または「自動翻訳」などとよびます。最近は、AIを活用した機械翻訳（自動翻訳）がふえたので、「AI翻訳」とよぶこともふえました。

　たとえばGoogle翻訳も、AI翻訳サービスのひとつです。Goole翻訳を開いて日本語を入力すると、AIがあっという間に日本語から英語など、130以上の言語の中から翻訳したい言語へ翻訳し、表示してくれます。入力した文章だけでなく、ウェブページ全体を選択した言語に翻訳したり、画像の文字を認識して翻訳したりもできます。

　また、音声で入力した内容を翻訳し、その結果を音声で読み上げる機能もあります。これは、①音声認識→②機械翻訳→③音声出力という3つのステップを踏んでいます。①の音声認識では、音データからノイズを除いて人間の言葉だけを取り出し、テキストデータに変換します。②では通常どおり翻訳を行い、③の音声出力では、翻訳したテキストデータをどうしたら自然なイントネーションになるか分析し、音声として出力します。

　かつての機械翻訳は、直訳したようなぎこちない翻訳文だったり、長い文章の処理が苦手だったりしました。しかし、AIがディープラーニングを取り入れることによって、まるで人間の言葉のような自然な翻訳文を作れるようになり、長い文章の翻訳の精度も向上しました。

2 AI翻訳の仕組み

　AI翻訳の仕組みは、大きく次の3種類に分かれます。

ルールベース型

　文法ルールや単語辞書にもとづいて、機械的に文章を翻訳する仕組みです。「直訳タイプ」ともよばれます。

統計ベース型

　原文と訳文という対のデータを大量に

1 博物館へはどう行けばいいですか？
2 How do I get to the museum?
3 Just turn right on that road.
4 あの道を右に曲がってすぐだよ

58

第 3 章　身近なところで活躍する AI

ルールベース翻訳	統計ベース型＆ニューラルネットワーク型翻訳
原文「わたしは 学校へ 行きます」	原文「わたしは 学校へ 行きます」
↓	↓
単語に分解し、辞書と照らし合わせる	大量の原文と訳文を学習済み。単語に分解せず、正しい翻訳である確率の高い表現を選択。
↓	
「I　school　to　go」 わたし　学校　〜まで　行く	※ニューラルネットワーク型は学習の質が高くなる
↓	
文法に従って語順を入れ替え	↓
訳文「I go to school」	訳文「I go to school」

分析し、単語やフレーズの関係性から、頻度の高い訳語を採用する仕組みです。文章全体のニュアンスをくみ取りながら翻訳することになるので、「意訳タイプ」ともよばれます。

ニューラルネットワーク型

ディープラーニングを用いて、学習を続けながら翻訳精度を向上させていく仕組みです。学習を重ねるうちに、より正確で自然な翻訳ができるようになります。

一単語ずつ翻訳するのではなく、いったん文章をシステムに取り込み、ニューラルネットワークで処理を行った後、新たに文章を書き出します。ほかの方法にくらべて、とても流ちょうな翻訳文ができることが特徴です。

3 AI 翻訳のメリット・デメリット

AI 翻訳なら、プロの翻訳者に頼まなくても、いつでもどこでも好きなときに翻訳

ができます。基本的に数秒程度で翻訳が完了するので、音声サービスであれば、ほぼリアルタイムで通訳してくれるようなものです。また、有料のサービスもありますが、無料または安価なサービスが多いので、気軽に利用できるのもメリットです。

反対にデメリットは、ディープラーニングによってかなり自然な翻訳ができるようになったとはいえ、日常会話の口語的な表現はやはり難しいという点です。特に、細かいニュアンスや、文化や歴史といった背景をふまえた翻訳は難しいです。

ニューラルネットワーク型翻訳では、どういう経緯で翻訳文が出力されたのかが確認できません。そして、一見自然な文章のようでも、意味を取りちがえていたり、一部が抜けていたり、固有名詞が入れ替わっていたりなど、人間では考えにくいまちがいが起こることもあります。

たとえば、「飲酒運転をしないで」という意味の「Do not drink and drive」を、ただ「飲まないで」と訳すなど、不完全な訳になる可能性があります。

59

コラム

未来では、AIを管理するAIが必要になる!?

50・51ページで説明したとおり、ゲーム開発では、個々のキャラクターをコントロールするキャラクターAIのほかに、位置情報やゲームの進捗情報などにもとづいて、ゲームシーンに応じた敵キャラを登場させたり、イベントを発生させたりするナビゲーションAIがあります。そして、ナビゲーションAIや、キャラクターAIをバランスよくコントロールして、ゲーム全体を楽しめるようにするのが、メタAIです。

これを自動運転にあてはめると、自動運転車をコントロールするAIがキャラクターAIにあてはまります。そしてナビゲーションAIはまさに道路の渋滞情報や事故多発エリアなどを分析・予測して自動車に伝えます。こうした自動車個々のAIと、ナビゲーションAIの両方を、総監督のような立場で管理・コントロールするのがメタAIになる、と考えることができます。

いま世界中でデジタル技術を活用した都市づくり（スマートシティ）が進められています。そこではさまざまなAIの活用が必要となり、そうしたたくさんのAIを管理するメタAIが必要になることでしょう。

そこで、デジタルゲームのAIの考え方を利用する研究などが進められています。

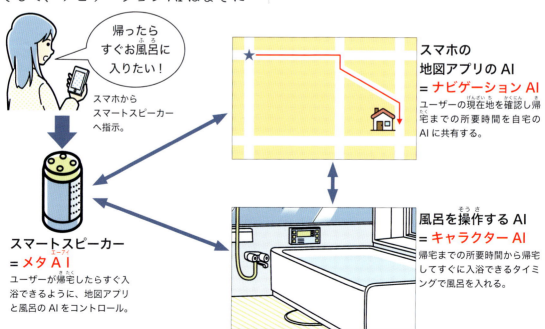

第4章 意外なところで活躍しているAI

1 食品ロスの問題をAIで解決！

1 食品ロスってなに？

　自宅の冷蔵庫を開けたとき、「賞味期限切れ」の食品を見つけたことはありませんか。1日や2日の賞味期限切れなら、そのまま食べることもあるでしょうが、何日もたっている食品だと、やむを得ず廃棄、つまり捨てることになるのではないでしょうか。しかし、賞味期限とは「おいしく食べられる」期間のことで、それを過ぎたからといって食べられないわけではありません。このように、まだ食べられるのに捨てられてしまう食品のことを、食品ロス、またはフードロスなどといいます。こうした家庭での食品ロスは、各家庭で注意して、ロスをなくす努力が必要です。

　一方で、お店などで販売用に陳列された食品が売れ残ってしまい、廃棄せざるを得なくなるという食品ロスもあります。
　お店では、どの商品（食品）がどれくらい売れるかをある程度予想して、その予想にもとづいて、商品を作ったり仕入れたりします。商品が売れ残るのはこまりますが、それと同じくらい、仕入れた商品が少なすぎて、お客さんがほしがっているのに売る商品が品切れになってもこまってしまいます。そのため、多くの場合、少し多めに商品を仕入れます。そして、仕入れの数は、担当者の経験から立てた予測に頼っているために、ロスが発生してしまうのです。
　そこで、AIを活用して、より正確に販売量を予測して、売れ残りも品切れも

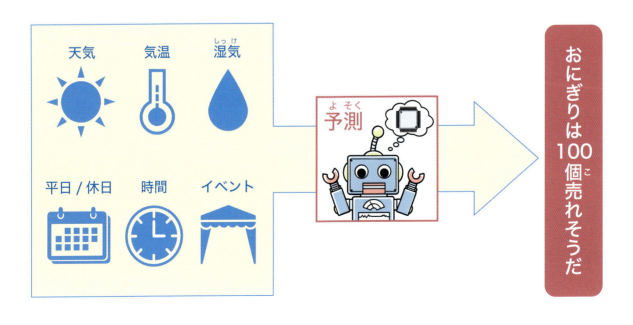

第4章 意外なところで活躍しているAI

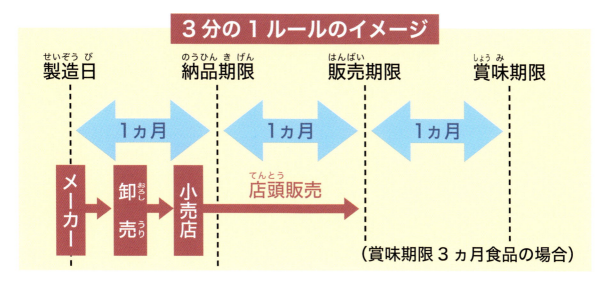

3分の1ルールのイメージ

製造日 ― 1ヵ月 ― 納品期限 ― 1ヵ月 ― 販売期限 ― 1ヵ月 ― 賞味期限

メーカー → 卸売 → 小売店 → 店頭販売

（賞味期限3ヵ月食品の場合）

できるだけへらそうという仕組みの開発が進められています。

実は、お店には「3分の1ルール」という商慣習があります。これは、製造日から賞味期限までの期間のうち、3分の2を販売期間と設定し、その期間が経過したら、お店の売り場から撤去してしまうというものです。たとえば、賞味期限が製造日から3か月とすると、製造日から2か月経過した時点で、店頭から撤去してしまうのです。これは、賞味期限に余裕がある商品をお客様に提供しようというお店側の配慮です。消費者側からするとありがたい配慮ではありますが、それによって大量の食品ロスが発生しているのも事実です（昨今では、3分の1ルールを見直して、食品ロスをへらそうという動きが活発化しています）。

2 AIが販売量を予測する!?

モノが売れる要因には、さまざまなものがあります。たとえば、アイスクリームがよく売れるのは、暑いときです。ですから、アイスクリームの販売量を予測するためには、気温データはとても重要

です。また、近所の子どもが買い物に来てアイスクリームを買うことの多いお店の場合は、子どもが学校に行っている平日よりも休日のほうがよく売れるという傾向があるかもしれません。ただし、学校が店の近くにある場合には、学校帰りにアイスクリームを買っていく子どもが多いので、平日のほうが売れるという可能性もあります。

このように、モノがどれくらい売れるかは、気温や天気、曜日などさまざまな要因によって変化します。

そうした多種多様なデータを詳細に分析して、販売量を予測するのは、人間ではとても難しいといわざるを得ません。そこで、AIを活用した販売量の予測（需要予測）が活用されるようになってきたのです。

回転ずし店でもAIが活躍！

大手の回転ずしチェーンでは、どのようなタイミングで、どのネタのすしを、どのくらいレーンに流すべきかを、AIを活用した需要予測で調整しています。

一般的に回転ずし店では、レーンに

63

流したすしが、長時間客に取られないと、ネタが乾燥するなどしてしまうため、そうしたすしは廃棄されます。全国にチェーン展開している大手回転ずし店などの場合、すべての店舗において一定割合で発生するそうした食品ロスは、全店分を合わせれば膨大なものになり、大きな問題でした。

そこで、これまでの販売実績データ（どのネタのすしがいつ食べられたか、どのすしが廃棄されたかといったデータ）をもとに、需要を予測するAIシステムを導入しました。これまでに蓄積されたデータと、リアルタイムでの店内状況（客数など）を合わせて分析し、その分析結果を調理場に伝えることで、どんなネタを、どのくらい流すべきかをコントロールしています。

この仕組みにより、廃棄されるすしの数を削減でき、食品ロス問題対策になると同時に、無駄なコストの削減にもつながりました。

消費期限の近い弁当を自動で値下げ

近年、ダイナミックプライシングというものが注目されています。ダイナミックプライシングとは、動的価格設定とか、変動価格制などともよばれます。これは商品やサービスの需要の変化に対応して価格を変動させる仕組みのことです。

航空チケットやホテル代などは、ゴールデンウィーク時期や夏休み時期、また年末年始休暇の時期などは、ほかの時期にくらべ価格が高くなることが一般的になりつつあります。逆にいえば、利用者が少なくなる時期には安くなることもあります。

ダイナミックプライシングは、在庫をもちこせない商品やサービスなどで活用されることが多く、旅行関連のサービス（交通機関や宿泊施設など）は、よい例です。レジャー施設としてのホテルは平日より休日に需要が集中しがちなので、休日の料金は高めに設定し、平日の料金はできるだけ安くすることで、利用者をふやすようにします。ホテルの空室などは、今日の空きを、来月にもちこすということができないので、料金を下げてでも、今日の空きをうめるようにしようと考えるのです。

こうしたダイナミックプライシングを、コンビニエンスストアでも弁当など

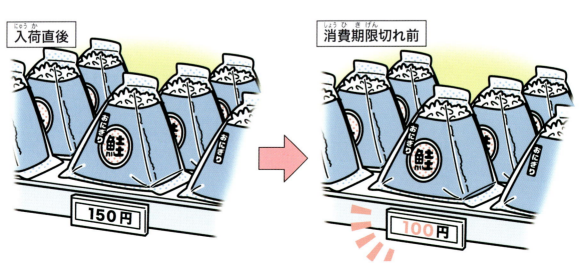

第4章　意外なところで活躍しているAI

の商品に活用しようとする事例が出てきています。

あるコンビニエンスストアでは、お弁当コーナーの棚をカメラ型のセンサーで常時スキャンするようにして、個々の弁当などに付けられたICタグの情報を読み取り、消費期限が近付くと、自動で価格を値下げできるような仕組みを開発しようとしています。

いずれはAIを活用して、天気情報や、近隣施設でのイベントの有無（近くの学校で運動会があるといった情報）などのデータを分析して、リアルタイムに最適な価格設定を自動で行えるようになるかもしれません。

3 AIで食材の鮮度をチェック

アメリカの大手スーパーマーケットチェーンでは、専用のAIツールを開発し、店員がそのAIツールがインストールされた手元のスマートフォンでリンゴなどの生鮮食品を撮影すると、その食品の鮮度が判定され、店頭でいつまで販売できるかを管理できるようにしました。

そのAIツールがないときには、生鮮食品の鮮度判定などは店員が自分の目で見て確認していたそうです。当然、人によって判断が分かれることもあり、判定基準が標準化されているとはいえない状況でした。

しかし、そのAIツールを導入したことで、鮮度判定が標準化されたことはもちろん、仕入れた段階で鮮度を確認し、店頭に出す順番を工夫することで、食品ロスを大幅に削減できました。

このAIツールでは、大量の生鮮食品の画像データを読み込んで学習し、色合いなどで鮮度を判定できるようになっているのです。

このスーパーマーケットチェーンでは、たとえば、トマトやキャベツなどの食べごろがいつなのかをAIツールを使って判定し、食べごろである食品を店頭に並べるとともに、そのことを消費者にアピールすることで、サービスの向上にもつながっているといいます。

65

2 農業などの産業をささえるAI

1 農業をする人が高齢化・減少している

日本では、農業従事者の高齢化が進んでいます。さらにいえば農業だけでなく、林業、漁業といった第1次産業全体が、高齢化、そして後継者不足という大きな問題に直面しています。

下の図にあるように、第1次産業の従事者は年々減少する傾向にあります。そして、高齢化が進んでいるため、農作物などの生産量が落ち込み、日本の食糧自給率も悪化の傾向にあります。

農業を例にとると、高齢化が進み、後継者がいないことから農業を続けられず、休耕といって、耕作されない農地の面積がふえています。しかしそれ以上に農家1戸あたりの耕作地はふえる傾向にあり、より人手が必要とされる中で、従事者不足から、従事者ひとりひとりの負担が大きくなっています。

2 スマート農業ってなに？

働き手が少なくても、効率的に農作業を行えるようにすることで、生産量の減少を抑えるとともに、農作業の負担を軽減し、担い手をふやすための取り組みとして、スマート農業が推進されています。

スマート農業は、AIやIoT、ロボットといった先端技術を活用して、農作業そのものを効率化するものです。スマー

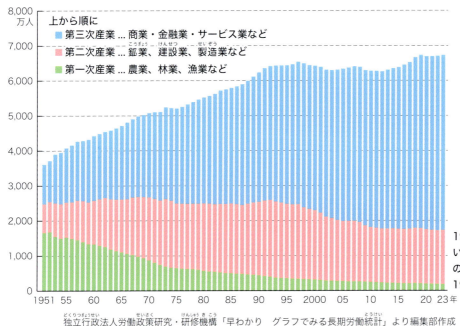

産業別就業者数の推移（第一次〜第三次産業）1951年〜2023年 年平均

1951年には1,668万人いた第一次産業(農林漁業)の就業者は、2023年には199万人にまで減少した。

独立行政法人労働政策研究・研修機構「早わかり　グラフでみる長期労働統計」より編集部作成

第4章 意外なところで活躍しているAI

ト化は農業だけでなく、スマート漁業、スマート林業など、第1次産業全体で進められています。

AIで果物などの熟し具合を判断する

野菜や果物などの農産物には収穫に適した時期があります。たとえば、ビニールハウスなどで栽培されるイチゴなどは、ほぼ同様の時期に収穫期をむかえます。しかし、熟し方が同じということはなく、一粒一粒、熟し方には差が出ます。

これまでの収穫作業では、人が実物を見て、収穫に適しているかどうかを見極めた上で収穫するのが一般的でした。しかし、この作業はとても大変な重労働です。そこで、AIの得意分野のひとつである画像認識を活用して、イチゴがどの程度熟しているかを判断し、収穫に適したイチゴを自動で収穫するロボットが開発されています。大量のイチゴの画像データを読み込んで学習したAIが、イチゴの熟し具合、収穫時期を判断します。

こうしたAIを搭載した収穫ロボットは、イチゴだけでなく、さまざまな農作物の収穫に役立てられています。

AI搭載のドローンで、ラクチンに農薬を散布する

農場はとても広いことが多く、害虫から農作物を守るための農薬散布作業もとても重労働となります。また、広い農場の中では、それほど害虫の被害がない場所や、逆に害虫が多くついているような場所もあるため、農場全体に一律に農薬を散布することは、非効率でもありました。

そうした状況を改善するために開発・導入されているのが、ドローンによる農薬散布です。

これまでは、人が農薬をもって、専用の散布機で農薬を散布しながら、農場をくまなく歩き回ることが必要でした。

しかしドローンを使えば、人はドローンに搭載されたカメラからの映像を確認

シブヤ精機株式会社と独立行政法人農業・食品産業技術総合研究機構が共同開発した、イチゴ収穫ロボット
カメラでイチゴの熟し具合を判定し、収穫に適したイチゴのみ自動で収穫する

農薬を散布するドローン

しながら、リモコン操作で農薬を散布することができます。

また昨今では、ドローンに搭載されているカメラの映像をAIが分析して、害虫などが発生している場所を特定し、その特定の場所に集中的に農薬を散布するといったことも可能になっています。すべての農場に一律に農薬を散布する必要がなくなることで、農薬の使用量を少なくすることにつながり、また農薬にかかる費用の削減にもつながるなど、多くのメリットを生み出しています。

さらに、昨今の農薬はかなり安全性が高まっているとはいえ、農薬散布の際には、できるだけ農薬に接することのないように注意することが望まれますが、人の手による散布では農薬がかかってしまう可能性は少なくありません。しかしドローンを使った散布であれば、作業者は離れた場所からドローンをリモコン操作できるので、散布中に農薬がかかってしまう危険性を大幅に軽減でき、作業者の健康被害を回避することにもつながります。

自動トラクターで農地の耕作を効率化

農作業では、トラクターを使って、田畑を耕したり、肥料や種をまいたり、収穫した農産物を運んだりします。

このように農作業に欠かせないトラクターですが、最近ではAIを活用して、無人で耕作をはじめとする農作業に活用できる無人トラクターが実用化されています。

先ほど取り上げたドローンと同様に、トラクター自体にGPSやカメラ、センサーといったものを装備することで、広い農場であっても、旋回や進路変更、障害物の回避などを自動で行うことができ、人の手をわずらわせることなく、効率的に農作業を行うことが可能です。

第 4 章 意外なところで活躍しているAI

有人トラクター（左奥）と無人トラクター（右手前）

牛にセンサーをつけて、AIで健康状態などを管理

たとえば畜産業では、一頭一頭の牛に、首輪型のセンサーを装着し、エサをどのくらい食べたかや、体調が悪い牛がいないか、といった管理を遠隔で実施できるようになっています。

従来は、人が見回りをして、牛の様子を観察しなければなりませんでしたが、牛にセンサーを取り付けることで、見回りの回数を大幅にへらすことにつながり、作業が効率化できます。

また昨今では、センサーの情報にもとづき、AIが解析した結果を、通信機能を使ってスマートフォンに飛ばすことができるので、牧場を離れていても、飼育している牛の様子をリアルタイムに管理することが可能になっています。

さらには、妊娠している牛について、分娩のタイミング（兆候）などを検知できる機能なども開発されており、作業効率の改善が進んでいます。

AIで魚の食欲を画像で判断し、エサやりを効率化

スマート漁業も進化し続けています。ある回転ずしチェーンでは、AI技術を使ったハマチの養殖を成功させました。

ハマチの養殖などにおいては、適切なタイミングで適切な量のエサをあたえることがとても重要です。たとえば過剰にあたえてしまうと、ハマチの健康を損なう原因となります。

そこで、ハマチを養殖している生けすにカメラを設置して、その映像からハマチの食欲を解析し、どのタイミングでどのぐらいエサをあたえるのがよいかをAIが判断しています。

また、牛の飼育と同様、収集したデータはスマートフォンで確認することができるので、遠隔での監視・作業が可能となり、作業の手間を大幅に軽減することにつながっています。

69

3 交通を便利にするAI

1 車社会に欠かせないAI

　AIはさまざまな分野で実用化されていますが、そのひとつに自動運転技術へのAIの活用があります。

　最終的に目指す理想形は、目的地を設定するだけで、人が運転することなく、自動車が目的地まで自動走行してくれる、という完全自動運転車です。目指す理想形といいましたが、決して遠い未来の話ではなく、ある限定された条件下ではすでに実用化に近い段階にあります。

　2018年ごろから、いくつかの都市では、地方自治体などが主体となって、自動運転のバスを運行する実証実験が行われるなど、実際に乗客を乗せた運行をしています。

　たとえば、北海道の上士幌町では、自動運転によるバスの無人走行に加えて、AI車掌という仕組みも導入して、バス停周辺の情報を自動音声で案内したり、生成AIのChatGPTを活用して、乗客とAI車掌が自由に会話したりできるようになっています。

2 利用者が少ない地域でも市民の足を確保

　自動運転車の導入が急がれるのは、人口減少などによって過疎化が進んでいる地域です。これまでバスの運行が行われ、地域住民の足になっていたものが、利用者がへったことで運行を続けられなくなったり、バスの運転手が不足していることなども原因で便数がへったりしています。自動運転車であれば、運転手は不要で、人件費がかからない分、運行の経費が少なくてすみます。そのため利用者が少なくても運行が可能になるというメリットが生まれます。そのため、過疎化が進む地域では、自動運転バスの運行が望まれるのです。

対話型「AI車掌」が搭載された上士幌町の自動運転バス

コラム

自動運転レベル

　ひと口に「自動運転」といっても、どの程度、運転を自動化できているのか、人が運転者として、どの程度かかわらなければいけないのかによって、レベル0～レベル5のレベル分けがなされています。

　それぞれのレベルのちがいを見てみましょう。

自動運転の6段階のレベル分け

レベル0	ドライバーが運転の主体	**運転自動化なし** 人間がすべての運転操作を行う。
レベル1	ドライバーが運転の主体	**運転支援** 自動ブレーキ、車線維持、速度維持など、運転支援のうち、どれかひとつをAIが行う。
レベル2	ドライバーが運転の主体	**部分運転自動化**（先進運転支援システム） たとえば車線維持と速度維持（レベル1の組み合わせ）という複数の運転支援や、高速道路でスピードがおそい車がいれば自動で追い越す（高機能化）など、ある範囲内で、部分的に自動運転を行う。
レベル3	システムが運転の主体だがドライバーも乗車	**条件付き自動運転** 基本的には一定の条件下でシステムがすべての運転操作を行うが、自動運転機能では危険だとシステムが判断した場合などには、人間が適切に対応する必要がある。
レベル4	システムが運転の主体	**特定条件下における完全自動運転** 高速道路など特定の条件下であれば、システムがすべての運転操作を行うことができる。
レベル5	システムが運転の主体	**完全自動運転** 特定の条件下でなくても、いつでもすべての運転操作をシステムが行うことができる。

3 AIが障害物や通行人を感知する

自動運転車が実用化できるようになった背景には、AIの進化があります。自動車には数多くのカメラやセンサーが搭載され、そのカメラやセンサーによって、自動車周辺の状況を分析します。自動車の前に通行人がいることを感知すれば、自動でブレーキをかけるといった動作をし、事故を回避します。

また、たとえばACC（Adaptive Cruise Control）という機能では、前を走っている自動車との距離を適切に保つために、AIでスピードを調整します。この機能を使うと、原則としてドライバーがアクセルやブレーキの操作をしなくても、自動車自体が前を走る自動車と一定の距離を保ちながら走行します。

このように、さまざまな運転の機能をAIがサポートすることで、自動運転機能がより高度化していきます。

4 交通事故を事前に予測

自動車そのものが安全に走行できるように活用されるAIですが、それと同時に、どんな場所で、どんなときに事故が発生しやすいかをAIで予測するという活用も進んでいます。

交通事故が発生する原因にはさまざまなものがあります。たとえば天候も重要な原因のひとつです。また、交通量が多いか少ないか、混み具合や整備の状態は

浜松市のウェブサイト「交通事故AI分析」ページより
https://www.city.hamamatsu.shizuoka.jp/dourokikaku/aibunseki.html

第4章 意外なところで活躍しているAI

どのようなものか、といったことも原因となり得ます。こうした大量のデータをAIで学習し、どのような状況で、どこで事故が発生しやすいかを予測することが可能になっています。

静岡県浜松市のウェブサイトでは、AIを活用して、交通事故の発生リスクが高い場所を道路マップ上に明示し、ドライバーなどに注意をうながしています。

従来の交通事故予防対策は、過去に事故が発生した場所などに、なんらかの警告表示をするといった再発防止型の取り組みが中心でした。しかし、AIによる予測内容を公開することで、未然防止型の安全対策がとれるようになりました。

5 運転の仕方で保険料が変わる？

最近は、コネクテッドカーといわれる、インターネットなどに常時接続されている自動車が販売されていて、さまざまな情報を外部とやりとりできるようになっています。

自動車に搭載されているさまざまなセンサーなどの情報を収集することで、運転者がどのような運転をしているかを記録できます。急発進や急ブレーキが多いとか、スピードを出し過ぎる傾向があるといったことがデータ化されるのです。

こうした情報を大量に収集し、AIで分析することで、交通事故につながりやすい運転傾向などを導き出すことが可能です。

自動車保険などをあつかう損害保険会社などでは、こうした情報にもとづいて、安全運転をしているドライバーの保険料を安く設定するといったことが可能になっており、そうしたタイプの自動車保険がすでに販売されています。

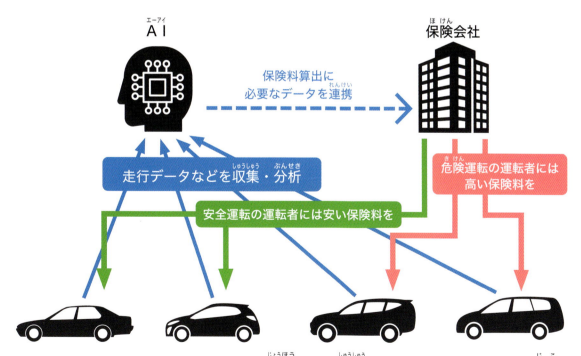

自動車から、走行に関するデータや位置情報などを収集し、どのような場合に交通事故が発生しているかなどを分析。そのデータは保険会社に送信されて、危険な運転をするドライバーには保険料を高くしたり、安全運転のドライバーの保険料を安くしたりして調整する。

4 AIでまちの安全を守る！

1 防犯カメラの役割

防犯意識が高まる中で、最近では防犯カメラ・監視カメラの設置台数がふえています。防犯カメラには、大きく2つの機能・効果があります。ひとつは、犯罪が発生した後に、犯行の様子や犯人の逃走経路を明らかにするなどの捜査支援効果です。もうひとつが、犯罪抑止効果といわれるものです。防犯カメラがあることによって、なにか犯罪を起こしたときに、犯行の一部始終を録画されてしまう（すぐにつかまってしまう）と思わせることで、犯罪行為を思いとどまらせる効果があります。

2 AI搭載の防犯カメラで不審な行動を検知

防犯カメラの効果は、大きくは捜査支援と犯罪抑止の2つですが、AIを搭載することによって、犯罪抑止効果をさらにパワーアップさせることができます。

不審な行動や暴力行為を検知

あらかじめ不審な行動のパターンをAIに学習させることで、防犯カメラに映っている映像の中で、不審な行動をしている人物を発見した際に、警備員などに対してアラート（警報）情報を発信することができます。

また、人をなぐるなどの暴力行為が

あった場合、あるいは暴力に発展しそうな行動の兆候があった場合に、警備員にアラート情報を発信して、大きなトラブルになる前に防ぐことが可能になります。

長時間滞在や転倒の検知

同じ人や、同じグループが、長い時間にわたって同じ場所に居続けているような場合に、一定のアラートを発信することができます。

特定の目的もなく、お店の前でたむろしているグループなどがいて、ほかの客が迷惑がっているような場合にアラートを発信することができます。

また、具合が悪くなって、長い時間その場に、ひとりきりでしゃがみ込んでしまっている人を検知対象にすることで、体調不良の人などを迅速に救護するということにも活用できます。

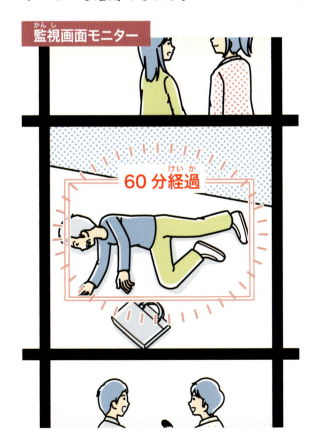

監視画面モニター
60分経過

複数人で同じ場所に居座っていれば迷惑行為、ひとりきりでとどまっていれば体調不良などを疑うといった設定も可能です。

3　1日24時間、1年365日休まず監視できるAI

防犯カメラや監視カメラの映像を、後から犯罪捜査に活用するような場合には、リアルタイムにカメラ映像を監視している必要はありません。

しかしオフィスビル内や、商業施設などで、不審な行動を監視する場合には、従来の防犯・監視カメラであれば、モニターをずっと見ていないといけませんでした。大きな商業施設などであれば、設置されているカメラの台数も多く、その監視のために大勢の監視員が必要になります。

しかし、AI搭載の防犯・監視カメラであれば、リアルタイムの監視であっても、人がモニターを見ている必要はありません。なにか不審な行動や、異常行動をAIが検知した瞬間に、どこに設置された防犯カメラに不審行動が映し出されたのかを、警備中の警備員（より高機能であれば、その防犯カメラの近くにいる警備員）に知らせることも可能です。AI搭載の防犯カメラなら、1日24時間、1年365日稼働していても、つかれ知らずで働き続けることが可能です。

また、人の目で監視する場合には、どうしてもうっかりミスや見逃しといったことが発生する可能性が残りますが、AI搭載カメラなら、そうしたうっかりミスの可能性も大幅に軽減できます。

コラム

財布もクレジットカードも持たずに買い物ができる!?

　顔認証システムで、最も身近なものといえば、スマートフォンではないでしょうか。ロックがかかったスマートフォンを使えるようにするとき、自分の顔をスマートフォンのカメラに映すと、本人であることを認証して、ロックを解除してくれます。

　これは、カメラで映した顔の画像を、AIがその特徴を検出して、本人かどうかを確認する技術で、多くの場合、ディープラーニングを活用しています。

　この顔認証システムは、実はいろいろなところで活用されています。

　たとえば、空港における自動搭乗ゲートで、顔認証システムを導入し、本人確認をスピーディに進めたり、危険な人物ではないかを確認したりすることにも活用されています。また、電車の改札を顔認証で通ることも可能になっています。

　さらには、金融機関や商業施設などでも、顔認証によって本人確認を行うことで、セキュリティを強化する動きが活発になっています。

　ある商業施設では、あらかじめ顔情報とクレジットカード情報などを登録しておくことで、無人の店舗で買い物をした際に、顔認証で支払いまですませられる仕組みを開発しています。財布やカードはもちろん、スマートフォンすら持っていなくても、顔を映すだけで買い物をすませられる時代が、もうすぐそこまで来ています。

新設されたJR大阪駅「うめきた地下口」の顔認証改札
あらかじめスマートフォン専用サイトやJR西日本のアプリから定期券の情報と顔写真を登録することで、改札通過時に撮影した顔写真と照合して顔パスで通過できる。

第 5 章
AIの可能性と未来

1 AIで仕事が変わる!?

1 AIに仕事をうばわれる!?

世界で初めて「AI」という言葉や考え方が登場してから、今日までに、何度かのAIブームがありました。そして、2010年代以降のAIブームでは、それまでのブームとちがい、かなり実用的なAIが登場してきています。

機械学習、ディープラーニングといった、優れたAIテクノロジーが用いられ、さらにそれらが進化し続けたことによって、実際に役立つ、目を見張るようなAIがわたしたちの身のまわりにあふれるようになりました。

「今日の天気は?」と言葉で話しかけると、音声で「晴れです」などと答えてくれるスマートスピーカー。このスマートスピーカーは、さまざまな家電製品とネットワークでつながり、冷蔵庫の中の食材で作れる料理を提案してくれたり、ロボット掃除機を動かしたりもできます。

こうした実用的なAIが多数登場したことで、わたしたちはAIの大きな可能性に期待するようになりました。これから、もっといろいろなことを、AIがわたしたち人間の代わりにやってくれるようになるのではないかと。

そして、そうした期待と同じくらいに、人々の心には、ある種の不安も芽生えました。それが、「AIに仕事をうばわれるのではないか」という不安です。

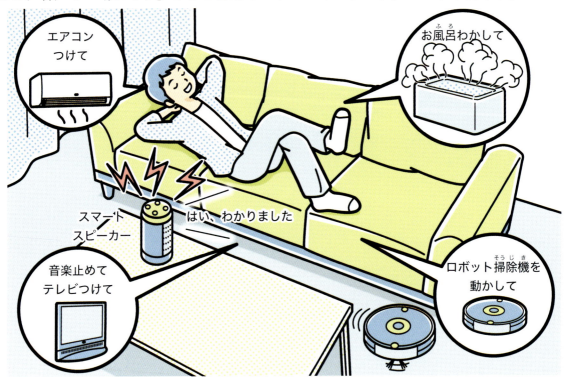

第5章 AIの可能性と未来

野村総研プレスリリース「代替可能性が高い100種の職業」から抜粋

一般事務員	金属研磨工	タクシー運転者
鋳物工	クリーニング取次店員	データ入力係
医療事務員	計器組立工	電子計算機保守員（ＩＴ保守員）
受付係	警備員	電車運転士
ＡＶ・通信機器組立・修理工	経理事務員	バイク便配達員
駅務員	検針員	ビル清掃員
会計監査係員	建設作業員	プラスチック製品成形工
学校事務員	産業廃棄物収集運搬作業員	包装作業員
カメラ組立工	自動車組立工	保険事務員
機械木工	自動車塗装工	ホテル客室係
寄宿舎・寮・マンション管理人	出荷・発送係員	ミシン縫製工
CADオペレーター	新聞配達員	めっき工
給食調理人	スーパー店員	郵便外務員
教育・研修事務員	製パン工	レジ係
行政事務員（国／県市町村）	倉庫作業員	列車清掃員
銀行窓口係	測量士	路線バス運転者

野村総研プレスリリース「代替可能性が低い100種の職業」から抜粋

アナウンサー	外科医	精神科医
アロマセラピスト	広告ディレクター	中学校教員
犬訓練士	コピーライター	中小企業診断士
医療ソーシャルワーカー	作業療法士	俳優
インテリアコーディネーター	作詞家	美容師
映画カメラマン	作曲家	ファッションデザイナー
映画監督	雑誌編集者	ペンション経営者
音楽教室講師	産婦人科医	保育士
学校カウンセラー	歯科医師	報道カメラマン
観光バスガイド	シナリオライター	マンガ家
クラシック演奏家	社会福祉施設介護職員	ミュージシャン
グラフィックデザイナー	獣医師	メイクアップアーティスト
ケアマネージャー	柔道整復師	盲・ろう・養護学校教員
経営コンサルタント	小学校教員	料理研究家
芸能マネージャー	小児科医	旅行会社カウンター係
ゲームクリエーター	スポーツインストラクター	レストラン支配人

そのきっかけになったといえるのが、2015年12月に野村総研とオックスフォード大学の共同研究によって発表された「AIの導入によって日本の労働人口の49％の仕事が10～20年以内になくなる」というレポートです。

　このレポートでは、日本国内の601種類の職業について、AIやロボットなどを活用することによって人が行う必要がなくなる可能性について、その確率を試算した結果が公開されていました。

　その結果が、日本の労働人口の約49％もの労働者が、AIやロボットにとって代わられると推計したのです。

　このレポートの中では、この先、AIやロボットにとって代わられる可能性が高い職業と、その可能性が低い職業を予測しています。なにか専門的で特別な知識が必要とされない職業や、データ分析作業や、決まった手順での作業だけを行うような職業については、AIやロボットに置きかえられる可能性が高いと評価されました。

　一方で、「芸術、歴史学・考古学、哲学・神学など抽象的な概念を整理・創出するための知識が要求される職業」「他者との協調が必要な職業」などはAIに置きかえられることが難しい、つまりこの先もなくならない仕事だと評価されました。具体的に挙げると、コピーライターやシナリオライター、フリーライターなど、文章を書く職業や、アートディレクターやグラフィックデザイナー、アナウンサーなどです。

　簡単ないい方をすると、物事を創造する、いわゆるクリエイティブな作業や、他者とのコミュニケーションが必要な作業はAIにはできない、ということが前提となっているのです。

2　ますます進化するAI

　野村総研とオックスフォード大学のレポートが発表されてから、現時点（2024年）ではまだ10年もたっていません。しかし、2023年以降の生成AIの普及によって、このレポートでいわれていたことが少々あやしくなってきました。

　このレポートの中で、向こう10年や20年では、AIなどに置きかわる心配はないだろうといわれた職業も、今日ではAIに置きかえられる可能性が高まっています。

　たとえば、アナウンサー。音声を生成するAIによって、合成音声でニュースを読み上げるAIは、すでにテレビのニュース番組などでも利用されています。

　文章を書く、ライターという職業も、ChatGPTをはじめとする生成AIによって置きかえが可能といえるぐらいになってきています。イラストを描く、絵画を描く、そんなクリエイティブな作業も、生成AIはこなしてしまいます。

　2010年代以降のAIの発展過程の中にあって、生成AIの登場は、これほどまでに画期的なことでした。

AIに置きかわる仕事、AIに生み出される仕事

　18世紀半ばごろから19世紀にかけて起こった産業革命のときも、さまざまな技術革新により、必要でなくなった仕事があったり、逆に、これまでになかっ

第 5 章　AIの可能性と未来

AI アナウンサー 荒木ゆい（株式会社 Spectee）https://www.ai-announcer.com/
原稿を自動で読み上げるバーチャル・アナウンサー。実際にアナウンサーが読んだ約10万件のニュース音声を機械学習している

た新しい仕事が生まれたりしました。

　AIの実用化が進んだ現代、そして未来においても、同様に必要でなくなる仕事や職業、逆に、新たに必要になる仕事や職業が登場するでしょう。

　たとえば、AIがやるべき作業と人間が分担すべき作業を効率的に切り分けるアドバイザーのような職業が必要になるかもしれません。

　一方で、ある言語をちがう言語に置きかえる、翻訳のような仕事はAIに置きかわっていくことでしょう。

　今後さらに、生成AIをふくむAIが進化すると、もっとさまざまな仕事・職業に影響が出てくることでしょう。

　生成AIをより効率的・効果的に活用する上では、どのように質問を投げかけるのかがとても重要になるということを29・30ページで取り上げました。そして、それを専門にあつかう職業が、今後生まれるだろうということについても触れました。その職業がプロンプト・エンジニアです。こうした新しい仕事が誕生するのも、AIという新しいテクノロジーが普及したからです。

　AIの発展だけを取り上げても、たとえばセンサーで得たデータと機械学習を組み合わせることで、AIが交通状況を理解して自動で車両を安全に操縦したり、大量の画像データを機械学習して、人間の医師でも見逃してしまうような病気を発見したりすることなどは、30年前にはできなかったことでした。しかし、今のAIでは、そうしたことを簡単にやり遂げられるようになっています。これから先、今以上にAIは進化し広く活用されていくでしょう。そこで大切なのは、AIがどのようなものなのかを正しく理解し、道具としてのAIをだれもが使いこなせるようになることです。道具としてのAIの使い方を、きちんと身につけておきましょう。

81

2 くらしがもっと豊かに！

1 買い物体験がより豊かになる

AIが発展した未来では、わたしたちの買い物体験が、これまでとは大きくちがったものになるでしょう。

いろいろなお店を見て回る楽しさを求めるなら、実際に外出してお店に出向きます。しかし、必要なもの「買う」というだけなら、わざわざ外出しなくても、自宅にいながらにしてすませることができます。今でもネット通販などを利用すればできることです。しかし、未来にはもっと便利になっていることでしょう。

たとえば、近未来では冷蔵庫が料理アシスタントになります。冷蔵庫の表面には大きなディスプレイがあって、そこに冷蔵庫内の食材と、それぞれの賞味期限などが表示されます。「今ある食材でどんな料理ができる？」と冷蔵庫に問いかければ、冷蔵庫に搭載されたAIが教えてくれます。

もしあなたが、「こんなものが食べたい（作りたい）」といえば、「それなら、ジャガイモが足りないので、ジャガイモを買いましょう」とネットスーパーで買い物も手配してくれます。

2 スマートスピーカーが家庭の中心になる

すでに多くの人が活用しているスマートスピーカーですが、AIがさらに進化することで、今後ますます便利なものに

どんなメニューがいいかな？

牛乳の賞味期限が近いです。ジャガイモ・ニンジン・タマネギがあるので、クリームシチューはどうでしょう？

第 5 章　AIの可能性と未来

なっていくことでしょう。
　音声で指示をあたえることで、必要な情報を伝えてくれたり、ネットワークでつながっている電子機器をコントロールしてくれたりするスマートスピーカーですが、その中心技術である音声認識の精度がさらに向上することで、よりくらしに密着した使い方が可能になっていくでしょう。
　現在でもかなりの精度で、人間の発言を的確に理解してくれるスマートスピーカーですが、それでも周囲の騒音やノイズによって、正しく聞き取ってもらえないことも少なくありません。しかし今後は、AIアシスタントの精度がどんどん向上していって、多少のノイズや周辺の騒音があっても、人間の発言を正確に認知・理解してくれるようになるでしょう。また、生成AIの進化もあって、人間とスマートスピーカーのより自然なコミュニケーションが可能になります。
　これまで、スマートスピーカーは、「音声での会話ができるAI」という特徴が強調されていました。しかし、これからは、IoT（Internet of Things）のさらなる進展もあり、スマートスピーカーの、ほかのIoT機器をコントロールする司令塔としての役割が重要になってくるでしょう。
　家庭にあるさまざまな家電をすべてスマートスピーカー経由で操作できるので、料理、洗濯などの家事で手がふさがっていても、あらゆる家電を操作できるようになります。また、人間のスケジュール管理を任せることもできるようになり、外出の目的を理解したAIが、目的に応じた持ち物を教えてくれるので、忘れ物もなくなるでしょう。

3　家庭の見守りもAIにおまかせ

　前章でAIを搭載した防犯・監視カメラを取り上げましたが、一般家庭内でも

時間割を理解しているAIが、忘れ物がないかを確認してくれる

83

こうしたカメラの活用が広がるでしょう。

　小さい子ども、赤ちゃんなどがいる家庭では、母親がキッチンにいてちょっと目を離したすきに、赤ちゃんがベビーベッドから落ちてしまうなどの事故が発生する危険性があります。たとえば、AIで危険行動を学習しておけば、ベビーベッド内で子どもが立ち上がった時点で、母親のスマートフォンにアラートを発信するなどして、注意喚起することが可能になります。

　また、こうしたAIを搭載したカメラは、介護が必要になったお年寄りの見守りなどにも活用することが可能です。

　今後ますます高齢化が進む日本では、介護施設などの人材不足が深刻化しています。そのため、将来的には家庭内での介護の必要性が高まるといわれています。しかし、環境によっては、そばで見守ることが難しいこともあるでしょう。しかし、こうしたAI搭載のカメラがあれば、離れたところにいても、家庭内の様子を見守ることが可能になります。

4 自動車は単なる移動手段ではなくなる！

　前章で自動運転車について取り上げましたが、わたしたちの日常生活の中で、自動車はとても重要な役割を担っています。ただし、これまでのところ、その役割はあくまでも移動手段としての役割でした。

　しかし、自動運転技術がさらに進化して、レベル5相当の自動運転車が普及していくようになると、自動車は単なる移動手段としての道具というだけではな

第5章 AIの可能性と未来

くなることでしょう。

目的地を設定するだけで、運転という操作自体が必要なくなるので、自動車で移動している間は、人は自由に時間を過ごすことができます。

たとえば、移動に2時間かかるのなら、移動時間中に映画を観ることができます。それも、小さい画面で観るのではなく、専用のゴーグルを使って、あたかも目の前に大画面のスクリーンがあるかのような視覚体験ができます。

移動時間中に血圧計や体温計などの医療機器とつないで、体の調子を確認しながら、その情報を医療機関の主治医の先生と共有して診察してもらう、といったことも可能になります。

もちろん、仕事がいそがしい人なら、移動時間中に会議をしたり、企画書を作成したりすることもできます。その会議も、小さな画面で相手の顔を見るのではなく、自動車の窓全体がディスプレイになり、会議室に集まっている参加者全員の顔を映し出します。韓国のヒュンダイモービスという会社は、すでにそうしたシステム（自動車の窓ガラス全体がディスプレイになるシステム）の開発を進めています。

また、自動車はつねにGPSによってどこにいるのかが明らかなので、「夕食の食材を買っていきたい」と言えば、AIが近くのスーパーを探し出して、自動車の目的地を自動で変更してくれます。自宅までの道のりで混雑が予測されるのであれば、AIがルートを選び直して、最短時間で家まで送りとどけてくれます。

運転する必要のない自動車は、もうひとつのリビングルームであったり、会議室であったり、映画館であったりと、さまざまな目的で利用され、わたしたちのくらしをもっと豊かなものにしていくことでしょう。

完全自動運転車が実現すれば、読書をしながら目的地まで移動できるようになる

3 健康管理や医療がもっと進化する

AIが自分だけのパーソナルトレーナーに！

　フィットネスジムなどでは、個人個人の体力や、トレーニングの目的などに応じて、どのような運動プログラムを実施すればいいのかをアドバイスしてくれるパーソナルトレーナーという指導員がいます。

　パーソナルトレーナーは、単に運動についてのプログラムを設計したり、その技術的な指導をしたりするだけでなく、食事についてのアドバイスなども行うことがあります。

　今日では、フィットネスジムなどに通わなくても、こうしたパーソナルトレーナーの役割をAIが担い、ひとりひとりの体調や体力などに応じたパーソナルトレーニングのプログラムを設定したり、日々の健康管理をやってくれたりもします。すでに、AIが専属トレーナーのように個人のトレーニングを支援してくれるアプリが多数登場しています。

　最近のスマートウォッチには、まさにこうしたパーソナルトレーナー的な機能が備わっています。

　つねに腕に装着しておくことで、心拍数や血圧、血中酸素濃度、消費カロリー量、さらには睡眠時間などを24時間計測することが可能です。こうした計測データをスマートフォンのアプリと連携して記録することで、健康管理に役立てることができるのです。健康管理アプリの中には、AIを活用して、その人に合った運動や休息の取り方、食事などについてアドバイスしてくれるものもあります。まさに、AIがパーソナルトレーナーとなり、1日24時間、1年365日の間、

スマートウォッチでカウントした歩数をスマートフォンのアプリで管理できる

86

第 5 章　AI の可能性と未来

ずっとサポートしてくれるようなものだといえるでしょう。

2 健康状態をチェック

近未来では、ふだんどおりの生活をしている中で、健康状態をチェックしたり、健康になるためのアドバイスをしてくれたりする機器が登場するでしょう。

たとえば、毎日の歯磨きで使用する歯ブラシにセンサーが装備され、きちんとブラッシングができているかどうか、磨き残しがないかどうかなどをチェックし、より良い口腔ケアをアドバイスしてくれるようになるでしょう。

またトイレは、排せつ物を自動分析して、健康状態を確認することが可能になるでしょう。場合によっては、かかりつけの病院と連携してデータが共有され、万が一健康状態に問題があるような兆候が見られた際には、スピーディーに主治医の診断を受けられるようにすることも可能です。

3 病気を予防する

西洋医学では、健康な状態と病気にかかっている状態のどちらかに区分しますが、東洋医学では、健康と病気の間に「未病」という考え方があります。健康とはいえないが、病気というわけでもない。でも、このままだと病気になってしまう可能性が高い状態を未病といいます。つまりは、病気になってしまう少し前の状態ということです。この段階のときに病気のリスクがわかれば、栄養をとったり、休養を取るなどの適切な対応を取ること

ができて、病気になることを予防することができます。

また病気の予防には、長い期間、継続的に健康情報を記録し続けることと、その情報をかかりつけの病院などの専門家と共有することが大切です。

しかし、ひとりの医師が何十人、何百人の健康情報をしっかりと管理し続けることは容易ではありません。そこではやはり、AI が重要な役割を果たすことになります。AI を使って、病気になりそうな兆候を、膨大な過去のデータから学習しておくことで、万が一、健康情報の中に未病のような兆候が見られたら、本人および主治医にアラートを発信して、注意をうながすことが可能です。

4 AI ドクターが名医の手術を再現

健康管理分野だけでなく、医療分野でも AI が活躍するようになることはまちがいありません。今日でもすでに、がんの早期発見などに AI が目覚ましい成果を上げています。

これまでも本書の中で何度かふれましたが、AI は画像解析を得意としています。その得意技をいかして、内視鏡や X 線などを使って撮影された画像から、病気と思われる箇所を発見することができます。

人間の医師では見落としてしまうような微細な病気による変化であっても、AI による画像解析なら、発見できる可能性が高まります。

国立がん研究センターでは、発見することが難しいとされている早期の胃がん

87

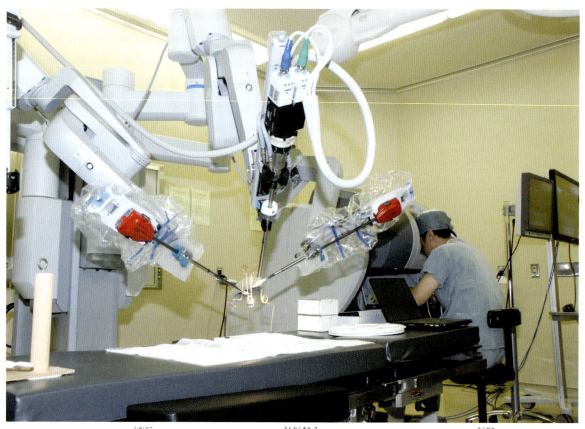
手術支援ロボット「ダ・ヴィンチ」。遠隔操作できる手術ロボットがあれば、地球の裏側からでも手術できる

に関して、その発見を可能にするAIを開発し、実際の診断画像を用いて検証した結果、6名の専門医の診断とほぼ同等の結果が得られたと発表しました。

また、診断分野だけでなく、実際の治療分野においても、近い将来、AI手術ロボットが実用化されることに期待が高まっています。

東京工業大学発のベンチャー企業として、ロボット開発の研究を進めるリバーフィールド社では、遠隔操作型の内視鏡手術ロボットを開発しています。このロボットは、モノに触った感覚を離れた場所にいても共有できる技術が使われていて、実際に手術をしているような感触を遠隔地にいながらにして体感できるという画期的な技術開発に取り組んでいます。この触覚の伝達の技術がより向上すれば、AI手術ロボットが全自動で内視鏡手術を実施できるようになるでしょう。

5 AI創薬の進展

新しい薬を開発することを創薬といいます。創薬には、大きく5つのプロセスがあります。①基礎研究、②非臨床試験、③臨床試験、④承認申請・審査、⑤承認取得・販売です。

一般的には、基礎研究に2〜3年、非臨床試験に3〜5年、臨床試験に3〜7年、承認申請・審査に1年ほどの期間がかかるといわれています。つまり、基礎研究を始めてから、審査に通るまでに短くても9年、長ければ16年ほどもかかることになります。

新しい薬を創る際には、まずどんな病気の薬を創るのかを決めて、その病気の

第5章 AIの可能性と未来

原因を特定します。そして、その原因が本当にその病気の原因なのかを実験して確認し、その上で、その原因を解消する化合物（薬の元）を見つけ出します。これが基礎研究であり、数百万種類ともいわれる膨大な化合物をテストする必要があるため、かなりの時間が必要です。

さらに、有望な化合物が見つかったら、非臨床試験に移ります。その化合物の有効性（本当に、その病気の原因に効くのかどうか）、安全性（人間がそれを使っても安全かどうか）を試験によって確かめます。場合によっては、動物実験も行います。

そこで、有効性、安全性が確認されたら、臨床試験に進み、実際にその病気にかかっている患者に薬を投与して有効性と安全性を確認します。

こうした試験のデータを添えて、承認申請を行い、審査に合格すると、やっと薬として販売することが可能となるのです。

本来、こうした長いプロセスが必要な創薬ですが、AIを活用することで、基礎研究や非臨床試験などのプロセスを大幅に短くすることが可能です。膨大なデータを分析することはAIの得意分野であり、数百万種類の化合物から有効な化合物を見つけ出すことなどは、AIによって大幅に効率化できるのです。

ある研究データによれば、AIを使わずに取り組んだ場合に、基礎研究に4年の期間がかかり、約400億円の費用がかかっていたものが、AIを活用したことで、期間は1.5年ほどに短縮され、費用も60億円程度まで削減できたそうです。

AIが創薬にもたらす効果は、このように絶大で、これからの創薬はAI創薬が主流になっていくことでしょう。

従来の薬の開発

基礎研究 → 非臨床試験 → 臨床試験 → 承認申請 → 承認取得

期間：4年
費用：約400億円

期間：9年
費用：約800億円

総期間：13年
総費用：約1200億円

AIを活用した薬の開発

基礎研究 → 非臨床試験 → 臨床試験 → 承認申請 → 承認取得

期間：1〜1.5年
費用：約60億円

期間：8年
費用：約500億円

総期間：9〜9.5年
総費用：約560億円

AIを使えば約4年の期間削減／約600億円の費用削減に！

4 AIのこれから

1 急速な進化を続ける生成AI

2023年にChatGPTが登場して以降、生成AIは世界中で注目されるようになりました。そして、世界中の注目を集める中で、生成AIをベースにしたさまざまなサービスが登場し、多様化が進みました。

ChatGPTに類似するような、大規模言語モデルを活用した、テキストベースの生成AIだけでも、現時点（2024年5月）で「Claude」「Jurassic-2」「Jasper AI」などがサービス提供されています。

さらに、画像や動画を生成できる生成AIとしては、代表的なものだけでも「Midjourney」「Gemini」「Adobe Firefly」「Canva」「SGE (Search Generative Experience)」などが登場しています。

2023年にChatGPTが登場して以降、わずか1年程度で、生成AIのサービスは急速に多様化し、活用シーンも広がってきています。

今後ますます、生成AIサービスは多様化し、より身近なものになっていくことでしょう。

主な生成AIの一覧

名前	特徴	URL
ChatGPT	対話型生成AI。対話によるテキスト生成が主だが、画像、動画、音楽の生成も可能。公式サイトでメールアドレスを登録してアカウントを作れば、基本的な機能は利用可能。	https://chatgpt.com/
Gemini	Googleが提供する生成AIに関するサービス全般のブランド名。Googleアカウントがあれば、対話型のテキスト生成ツールは無料で使える。	https://gemini.google.com/
Stable Diffusion	プロンプトをもとに、さまざまなテイストの画像やイラストを作成できる画像生成AI。無料で使えるサービスがいくつか提供されていて、Stable Diffusion Onlineが代表的。	https://stablediffusionweb.com/ja
Suno AI	テキストを入力するだけで楽曲を生成できる音楽生成AI。幅広いジャンルの楽曲を生成することが可能。無料プランあり。	https://suno.com/
VALL-E	音声生成AI。音声を自動生成して入力したテキストを読み上げる。3秒間の音声データを取り込めば、その人の声質を再現でき、再現した音質で長文を読み上げることができる。	サンプル公開のみ。
Sora	テキストから動画を生成する動画生成AI。	サンプル公開のみ。

第 5 章　AIの可能性と未来

2 マルチモーダルという新しい進化

「マルチモーダルAI」という言葉はあまり聞いたことがないかもしれません。少し難しい言葉ですが、複数の手段に対応しているAIを指します。

たとえば初期のChatGPTは、大規模言語モデルを活用することで、言葉（文章なども）を創造的に生成できるAIです。このChatGPTになにか質問をしたり、なにかの情報を出してもらったりするために、利用者は言葉（文字情報）を使って、ChatGPTに問いかけます。逆の言い方をすれば、初期のChatGPTは言葉（文字情報）という、単一の手段でしか利用できない生成AIでした。

しかし昨今の生成AIの中には、言葉（文字情報）だけでなく、画像や音声などといった手段（モダリティ）を利用することができるものが出てきており、それがマルチモーダルな生成AIだということになります。今現在の進化したChatGPTはすでにマルチモーダル化しています。

生成AIがマルチモーダル化することのメリットはたくさんあります。

ひとつには、言葉だけでなく、画像や動画などさまざまな素材を使えることで、表現の幅が広がります。（下の図を参照）

また、音声での入力が可能であれば、キーボードを操作する手間が省けて、よりスピーディに生成AIとコミュニケーションが取れるようになるでしょう。

そもそも人間同士のコミュニケーションにおいても、言葉によるコミュニケーションに加えて、相手の表情などビジュアルの情報も加味しながら、相手の気持ちをくみ取って、それに応じた会話（言

文字を入力

- あなた
  水平線にしずむ夕陽のイラストを作って
- AI
  「水平線にしずむ夕陽」です

- あなた
  もっと真っ赤な夕陽にして
- AI
  「もっと真っ赤な夕陽」にしました

画像を使用

- あなた
  こんな感じの水平線にしずむ夕陽のイラストを作って

- AI
  これでいかがでしょうか。

文字情報だけ入力しても、希望どおりの画像ができあがるとはかぎりません。細かいイメージを伝えて修正することは可能ですが、言葉のやりとりをくり返すより、イメージに近い画像をしめしたほうがスムーズです。

※生成画像はStable Diffusionで編集部作成

91

葉選び）をしています。生成AIがマルチモーダル化することは、生成AIの利用がスムーズになるというメリットに加えて、より高度なコミュニケーションが取れる可能性が高まります。

SF映画などで、ロボットと人間がごく普通に会話して、笑ったり、怒ったりするような、そんなコミュニケーションが、近い将来可能になるかもしれないのです。

3 生成AIの進化による未来の可能性

ビジネスの自動化

新しい事業を考えたり、企画書を作成したりするような仕事は、AIにはできないことだと考えられていましたが、生成AIなら新事業を考えたり、企画書を作成したりすることが可能になります。

ビジネスシーンでChatGPTをはじめとする生成AIを活用する動きは広がっており、官公庁や民間企業などでも、生成AIを業務に活用するところがふえています。

すでに、ビジネスメールの文面作成などを生成AIに任せるといった使い方が実用化され、メールの相手がだれで、どんな内容のメールを送るのかを指示すれば、適切な文章を作成してくれます。

また接客応対などの顧客対応についても、生成AIを搭載したチャットボットやバーチャルアシスタントが実施するようになるでしょう。

最近、カスタマーハラスメントという言葉がよく話題になります。客（カスタマー）という立場を利用して、お店のスタッフなどに理不尽なクレームをつけたりすることです。お店などにかぎらず、企業に対してのクレームは必ずと言っていいほどあります。正当なものもあり、企業としての誠実な対応が必要なケースもあります。しかし、中にはまさにハラスメントというべき理不尽なものもあります。問題は、こうした理不尽なクレームに対応することで、企業側のスタッフが精神的ストレスなどから心に傷を負ってしまうことがあるという点です。

そこで、そうした問い合わせなどの顧客対応に生成AIを活用する動きが広がっています。

AIには感情がないので、クレームを分析してストレスなく適切な対応ができる

第 5 章 AI の可能性と未来

生成 AI は、どんなにひどい言葉を浴びせられても心に傷を負う心配がありません。また、客にしかられてあせる、ということもありませんから、どんな状況でも、冷静に顧客対応をすることができるでしょう。

生成 AI が進化することで、合成音声もより人間らしいものになり、応答スピードもどんどん速くなるので、電話越しでは、相手が人間のスタッフなのか、生成 AI なのか、聞き分けられないかもしれません。

人間にとってつらい業務になりがちなクレーム対応などは、今後生成 AI に置きかえられていくことでしょう。

個々に応じたアシスタント機能

82 ページでも触れたように、家庭内ではスマートスピーカーのようなものがより便利に使われるようになります。その使われ方のひとつとして、個人個人のパーソナル情報を学習した生成 AI により、"その人だけのアシスタント"が利用できるようになるでしょう。

健康状態などを把握した上で、朝食のメニューを考えてくれたり、「映画が観たい」と言うだけで、その人の好みや、そのときの気分にマッチした映画コンテンツを選んでくれたりします。外出先にあわせて家を出る時間を教えてくれるなど、学校に遅刻する心配もなくなるかもしれません。

教育のパーソナライズ化

生成 AI を活用するようになれば、教育のあり方も変わっていくかもしれません。生成 AI の活用によって生まれるであろう教育上のメリットは、やはり「教育のパーソナライズ化」でしょう。

これまでは、１クラス何十人という生徒がいて、その全員に対してひとりの先生が授業をするという形が主流でした。

しかし生成 AI を活用すれば、生徒ひとりひとりに対して、それぞれの学習到達度に応じた学習指導が可能になります。

たとえば問題集についても、あらかじめ印刷された問題集を用意して、授業の終わりに全員に一律で配って宿題にするのではなく、生徒ひとりひとりの到達度に応じて、問題集を生成して、タブレットなどで提供することができます。

「こんなこともわからないのか」と思われるのがいやで、先生に質問できないという生徒もいますが、相手が生成 AI なら、気兼ねすることなく、なんでも質問できます。また、一度聞いてわからなくてもはずかしがる必要もなく、自分が理解できるまでとことん質問できます。

語学教育などにおいても、生成 AI は大きな効果を発揮するでしょう。多言語対応の AI を搭載したタブレット端末などを利用することで、リアルタイムで話し言葉や書き言葉を翻訳表示することが可能です。

こうした機能は、今後国際化が進んでいく中で、ひとつの教室の中に、日本語を使う生徒はもちろん、英語圏の生徒や、フランス語圏の生徒などがいるような場合でも、それぞれが自国語をベースにして授業を受けることが可能になるでしょう。

コラム

AIは、ベスト・カップルを見つけ出すのが得意!!

　ベスト・カップルといっても、人間のカップルではありません。88・89ページでは、AIによる創薬（新しい薬を創ること）について説明しました。新しい薬を創るためには、数百万種類もの化合物をテストして、有効な化合物を見つけることが必要で、人間がやるよりAIがやったほうが断然速いのです。

　具体的には、下の図のような手順をくりかえします。仮想実験とは、コンピューター上でシミュレーションすることです。AIが仮想実験をすることで、実際に実験する時間や費用を削減できます。また、危険な実験や、現実世界では再現が難しい条件での実験も可能になります。

　実はこうした膨大な計算や組み合わせを実行して、新しい化合物などのベスト・カップルを見つけるのは、創薬の世界だけではありません。

　たとえばリチウムイオン電池を作るには、リチウムという金属をふくむ化合物が使われますが、リチウムとなにを合わせて化合物にすればよいのかを、AIによって発見する研究が進められ、成果もあげています。

　このように、新しい材料の開発などにおいても、AIを活用することで、効率化できることが注目されています。

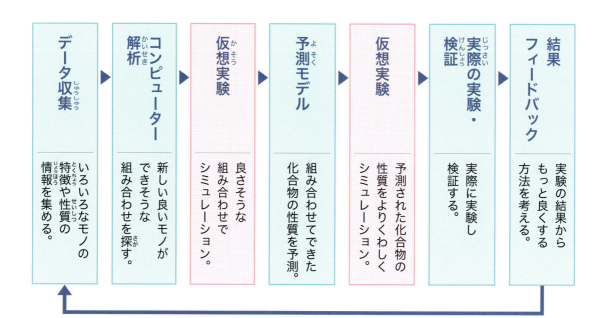

データ収集：いろいろなモノの特徴や性質の情報を集める。
→ コンピューター解析：新しい良いモノができそうな組み合わせを探す。
→ 仮想実験：良さそうな組み合わせでシミュレーション。
→ 予測モデル：組み合わせてできた化合物の性質を予測。
→ 仮想実験：予測された化合物の性質をよりくわしくシミュレーション。
→ 実際の実験・検証：実際に実験し検証する。
→ 結果フィードバック：実験の結果からもっと良くする方法を考える。

第6章

みんなが幸せになる
AI(エーアイ)の使い方

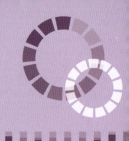

AIは危険な道具？

1 AIの可能性とリスク

これまでのところで、AIがもつ大きな可能性と、その可能性が実現したときに、わたしたちのくらしや、まちのありようなどがとても豊かなものになり得ることを理解できたと思います。

このように、大きな可能性を秘めたAIですが、その一方で、使い方を誤ればとても危険な道具になり得るリスクがあることも、わたしたちは理解しておく必要があります。

2022年3月に「ロシアへの降伏をよびかけるウクライナ大統領」というディープフェイク動画がSNSに投稿され、世界中を驚かせた。

ディープフェイクのウソ情報

本物の写真などの画像データを加工して、ありもしないニセの画像を作り出すフェイク画像は、AIが登場する以前からありました。AIを使わなくても、画像処理ソフトがあれば、比較的簡単に画像の加工は可能です。しかしAIが登場したことによって、加工される画像の質がより高くなり、また静止画像のみならず、動画についても簡単に加工できるようになりました。

昨今では、こうしたAIのテクノロジーを使って、人物の顔や音声を入れ替え、実際には存在しない動画などを作り出す、いわゆるディープフェイク動画がインターネットを介して拡散されることが増加しています。

AIによるサイバーテロ

AIを活用することで、コンピューターのソフトウェアや情報システムなどの欠点や弱点を発見することが容易にできるようになります。ソフトウェアやシステムの欠点や弱点は脆弱性とよばれ、いわゆるサイバーテロといわれるものは、この脆弱性に付け込んでシステムを破壊したり、データを盗み出したりします。

こうしたサイバーテロのための悪意あるソフトウェアなどを作るには、情報システムなどのコンピュータープログラムに精通した専門知識が必要で、だれでも簡単にできるというものではありませんでした。しかし、AIによって、それほどの専門知識がなくても、比較的簡単に悪意あるソフトウェアを作ることが可能

第 6 章　みんなが幸せになる AI の使い方

になりました。

そもそも、ChatGPT をはじめとする多くの生成 AI サービスなどでは、犯罪につながるような質問には答えないようにプログラムされています。そのため、たとえば「原子爆弾の作り方を教えて」と入力しても、「申し訳ありませんが、その質問にはお答えできません」という回答が返ってきます。

しかし、悪意をもって生成 AI から情報を引き出そうと考えれば、質問の切り口を変えることで、ほしい情報にたどり着くこともできてしまいます。

詐欺に AI が使われている！

昨今、SNS を利用して、うその投資話をもちかけ、多額のお金をだまし取る詐欺が横行しています。テレビなどで活躍する有名人をかたり、相手を安心させて詐欺を働くのです。最初は LINE などの SNS を通じた文字情報のやりとりですが、エスカレートすると、有名人本人の声を自動生成した音声でよびかけ、相手を信用させるという手口が使われることもあります。この音声を生成するのが AI なのです。

ほんの数秒、本人の音声を入手できれば（テレビに出演しているような有名人であれば、簡単に入手できます）、それを使って自由自在にしゃべらせることができるのです。

2　どう使うべきかをきちんと考える

AI になにかをインプット（入力）すれば、なにかが出力されます。それ自体には、良いも悪いもありません。

つまり、ディープフェイク動画が生み出されて、社会に混乱が広がったり、有名人の音声を作り出して詐欺に利用されたりしますが、それは AI が悪いのではありません。AI をそういう使い方で使う人間が悪いのです。

AI が今後ますます高度化すると、それが悪用されたときには、驚くほどの重大な事態を招きかねません。ですから、わたしたちは、AI という道具をどう使うべきかをきちんと考え、つねに正しい使い方を心がける必要があります。

"犯罪につながるような目的で AI を使ったりしない"、"友だちにいじわるする目的で AI を使ったりしない" ということは当たり前のことです。

もっといえば、悪意なく AI を使用する場合でも、それが正しい使い方なのかどうか、きちんと考えてみることが大切です。

たとえば宿題を AI に任せるのではなく、まず自分でやって、不足を補うために AI を使うようにしよう。

97

2 プライバシーを考えよう

1 プライバシーってなんだろう？

　プライバシーとは、特定の個人や家庭の秘密、秘密ではないけれど積極的に公開しているわけではない個人や家庭の情報などのことをいいます。たとえば、自分の家族構成を人に知られたくないと思っている人にとっては、家族構成はプライバシーとなります。名前や住所、電話番号、そしてインターネット上でどんなサイトを見たかなどの情報も、プライバシー情報です。

　他人に知られたくない情報を他人によって公開されることはあってはなりません。SNSなどで公開している情報についても、それがあくまでも「自分の友だちにだけ知らせる目的で公開」している情報なら、それを他人によって世界中の人に公開されてしまったら、それはプライバシーの侵害となります。

> **プライバシーにあたる情報の例**
> - 個人を特定できる人物写真
> - 個人の住所、電話番号
> - 個人の居住地を特定できる写真や近辺の情報
> - 個人の学歴、職歴
> - 個人の犯罪歴や破産歴
> - 個人の日記や私生活の情報

2 AIのしくみとプライバシー

　AIは、大量のデータを学習用データとして活用します。生成AIなどにおいては、大規模言語モデルなどを使っているものもあり、そうした生成AIは、より多くのデータを学習することが、出力結果の品質を高める上でとても重要になります。

　そして、多くのAIが学習用データとして活用しているのが、インターネット上に公開されているウェブページの情報です。個人のブログなどはもちろん、SNS投稿なども学習用のデータとして収集されている可能性があります。もちろん、テキストデータだけでなく、画像、動画といった情報データも収集され、機械学習に用いられています。

　個人のブログなどに掲載された情報なども学習データとして活用されるわけですが、生成AI自体がなにかを出力する際に、学習に使ったデータをそのまま出力するということはありません。つまり学習したデータをそのままコピーして出力するのではなく、その情報にもとづいて、あくまでも生成AI自体がオリジナルで生成した文章などを出力しています。また情報元の個人を特定できるような情報コンテンツとして出力していないので、いわゆる著作権侵害にもならない

98

第6章 みんなが幸せになるAIの使い方

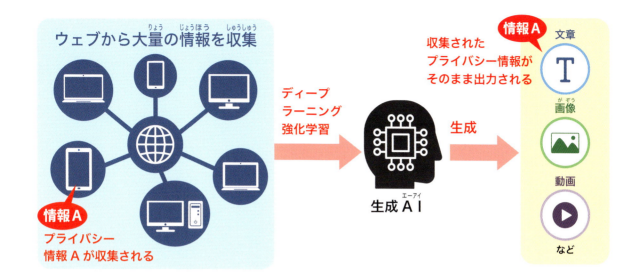

し、プライバシーの侵害にもあたらないと解釈されています。

しかしそうはいっても、生成AIが出力したものの中に、学習データとして利用したコンテンツと、とてもよく似ている文章が生成されてしまったり、あるいは学習データの一部がそのまま出力したものの中にふくまれている可能性は否定できません。とりわけ、長い文章を生成した場合には、そのリスクが高まるといわれています。

3 生成AIが出力したものをそのまま使わない

生成AIを利用して、なにかの文章を作成した場合、もしかしたら他人の権利（著作権やプライバシー権）を侵害している可能性があることをつねに意識しながら、生成AIを利用することが大切です。

たとえば、宿題の読書感想文を生成AIに書いてもらって、それをそのまま引き写して提出するようなことがあってはいけません。

これはテキスト型の生成AIにかぎらず、画像生成AIでも、動画生成AIでも、同様のことがいえます。

現在（2024年5月）の日本ではまだ、法律などによって生成AIによる著作権侵害やプライバシーの侵害に関する規定がありません。しかし、欧米ではAIの活用に関して一定の法規制をかける動きが加速しており、いずれ日本でもなんらかの法規制が導入される可能性があります。ただし、法規制のあるなしにかかわらず、生成AIなどを活用する上では、そうしたプライバシーの問題などがあるのだということを、しっかりと理解しておく必要があります。

また、わたしたちが生成AIなどを利用する際に、プロンプト（質問）を入力しますが、こうした入力データなども、一部の生成AIでは、学習データとして活用される場合があります。利用者によって入力されたデータがAIの学習に役立つ可能性がある場合には、それが収集され、匿名化や集約化された形で学習データに追加されることがあるのだということを理解して、利用することが大切です。

99

3 公平かどうか確認しよう

1 AIとバイアス

　バイアス（bias）というのは、日本語では「偏り、ゆがみ」のことを指します。バイアスがある、というのは偏りがある、偏見や先入観があるということで、バイアスがないということは公平性があるということになります。

　AIがインターネット上の膨大なデータで学習することはすでに述べたとおりですが、もし、その収集したデータになんらかの偏りがあった場合、そのAIが出力する結果も、その偏りが反映されたものになってしまいます。

　たとえば、あるAIが学習したデータの中に、性別で人を差別的にあつかうような偏った情報がふくまれていた場合、性別による差別を助長するようなコンテンツを生成してしまう危険性があるということになります。

　また、学習用のデータにバイアスがふくまれていた場合のほかに、AIのアルゴリズム（プログラム設計のようなもの）自体にバイアスがあって、そのために学習用のデータそのものにはバイアスがないにもかかわらず、そのAIが出力したものにバイアスが出てしまうということも可能性としてはあり得ます。

　たとえば、ある生成AIのアルゴリズムを構築するエンジニアが、性別で人を差別するような考え方をもっていた場合、そうした考え方をバイアス（偏った考え方）だとは思わずに、アルゴリズムとしてAIに組み込んでしまうということが起こり得ます。仮に、「女性はプログラマーに向いていない」という考え方をもっていれば、プログラマーの採用システムをAIで構築しようという場合に、応募者の中の女性の評価を男性よりも下げるようなアルゴリズムを構築して組み込んでしまう可能性がないとはいいきれません。

さまざまなバイアス

第6章 みんなが幸せになるAIの使い方

2 利用者の注意点

もし、利用しているAIに、なんらかのバイアスがあったとしても、アウトプットされた結果から、利用者がそれを判断することはとても難しいといわざるを得ません。

ただし、一定の注意をはらうことで、バイアスがかかる危険をさけられる可能性はあります。

AIのアウトプットを注意深くチェックする

ある質問を投げかけて、それに対する回答を得たときに、ある特定の属性（性別、年齢、人種など）について偏りのある主張や、特定の属性の人を攻撃するような表現が使われていないかを注意深く確認します。

できるだけ情報を公開している透明性の高い会社のAIを利用する

生成AIを公開している会社のポリシーなどの情報を、会社のホームページからできるだけ確認するようにしましょう。どのような学習データを活用しているのか、どのようなアルゴリズムを活用したAIなのか、といった公開されている情報を確認します。情報の公開に積極的な会社であれば、バイアス、公平性の問題にも真剣に取り組んでいる可能性が高いと判断できます。逆にあまり自分たちの取り組みについて情報公開していない会社については、バイアスのかかったデータを使用している可能性も十分あるため、注意してあつかうことも大事なことかもしれません。

第三者の評価や、ユーザーボイスなどを確認する

さまざまな生成AIのサービスなどが登場してきていることを背景に、それぞれの生成AIなどについて、使い勝手の良さなどを評価している評価情報もインターネット上にはふえてきています。また、ネット販売ではよく見られますが、ユーザーボイスが掲載されているウェブサイトなどがあれば、そうしたサイトの情報を参照して、バイアスのない、公平性の高い生成AIなのかどうかを判断するための参考にする、ということも有効な方法だといえます。

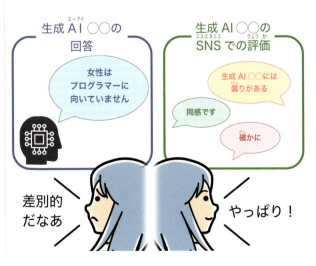

101

4 AIを活用することの責任を考えよう

1 決めるのは人？ AI？

わたしたちの生活のさまざまなシーンで、AIが活用されるようになると、単なる情報を得るためのツールというだけでなく、ある程度の意思決定をAIにゆだねるような場面も出てきます。

たとえば、スマートスピーカーに「今日の天気は？」と問えば、「午前中は曇りですが、午後からは雨が降る確率が50％です」と答えたとします。あなたならかさを持って外出しますか？ 午後の雨に備えてかさを持って外出するか、持たずに外出するかは、人間が自分で意思決定することになります。かさを持たずに外出し、結果的に土砂降りになって、びしょぬれになったとしても、それは自己責任です。

しかし、もしこのAIが、「雨が降る確率は50％です。50％は降らない可能性がありますので、かさを持っていく必要はありません」と答えたとしたら、どうでしょう。AIのアドバイスを信じて、かさを持たずに外出し、結果的にびしょぬれになったら、「AIのせいだ！」と怒りをぶつけるかもしれませんね。

実は、AIの活用において、自己決定権と責任については、とても大きな問題になりつつあります。自己決定権とは、自分の意思で、どのような行動を取るかを選択する権利のことです。基本的に人間は自分の行動は自分で決定する権利をもっています。

しかし、AIがさまざまなシーンで利用されるようになると、この自己決定権の一部がAIにゆだねられてしまうシーンがふえてきます。結果的に人間の自己決定権が制限されるともいえます。

そして、その意思決定によって、なんらかの被害が発生した場合に、その責任はだれが負うのか、ということが問題になるのです。

2 責任はだれが取る？

AIのアドバイスに従った結果、雨でびしょぬれになってしまった、という程度の被害なら、笑い話ですむかもしれません。

しかし、それが自動運転車に搭載されたAIによる判断ミスで事故につながっ

第6章 みんなが幸せになるAIの使い方

たという場合には、笑い話ではすまないことでしょう。

自動運転車については、レベル0から、レベル5まで区分されていますが、レベル3以上はシステムが主体となります。そのため自動車の操縦システムの多くの部分をAIに任せることになり、つまりは操縦に関する多くのことをAIの意思決定にゆだねるということです。

前を走る自動車と一定の距離を保ちながら、アクセルワークとブレーキワークをAIがコントロールする中で、AIの不具合で前の自動車に衝突してしまった場合、責任はどこにあるのかという問題が生じるのです。

問題は、ある判断をAIにゆだねるにあたって、どこまでの決定権をAIに付与し、その決定によって不利益が生じた場合に、だれが責任を取るのかを明確にしなければならないということです。つまり、開発者、運用者、利用者のだれに責任があるのか、判断するということです。

もちろん実際には、AIが100%完全に自分で判断した結果による事故なのか、あるいは一定の範囲で人間の判断が混じった結果なのかなど、かかわり方の割合次第で責任の所在も変わってくるでしょう。

AIが普及すればするほど、自己決定権と責任の問題は深刻度を増していくことでしょう。そうなったときに大切な視点は、一定の範囲で決定権をAIにゆだねつつも、人間が自分で判断する余地を残し、人間の判断とAIの判断をバランスよく調和させることだといえます。

自動運転車のレベルが日進月歩で進化していく中、その進化に応じたきちんとした法律の規定が必要になることはまちがいありません。そして、そうした法律による規定は、自動運転車だけでなく、医療における診断にAIを使っている場合など、さまざまなシーンで重要性を増していくことでしょう。

こんなとき、だれの責任!?

▼ 自動運転システムに欠陥
のある自動運転車が事故を起こした

▼ 自動運転システムをハッキング
された自動運転車が事故を起こした

▼ 自動車の欠陥による事故は、ドライバーや所有者の責任とされ、自動運転車も同じだとされていたが、最近では自動運転車の場合は、開発者の責任だという考え方に変わりつつある。

▼ システムがハッキングされたことによる事故は、盗難車と同じように考えられている。盗難車が事故を起こした場合、所有者が適切に管理していたのであれば、車を盗んで運転していた犯人の責任となる。

▼ 現時点ではドライバーだが将来的には開発者?

▼ ハッキングの犯人

5 人間とAIのかかわり方を考えよう

1 ユネスコの「AI倫理勧告」

2021年11月に、国際連合教育科学文化機関（UNESCO＝ユネスコ）は、人工知能（AI）の倫理に関する国際的なルールをまとめたガイドラインを発表しました。

「倫理」とは、社会一般の規範、つまり守るべきルールや、何が正しくて、何が誤りなのかを判断する基準、人として守るべき道徳などを指します。つまりAIの倫理とは、AIを使う上でのルールということになります。

ユネスコが発表したガイドラインは、「AI倫理勧告」とよばれ、国連に加盟している193の国と、準加盟国といわれる11の国に対して伝達されました。

2 どんな内容？

AI倫理勧告で重要なのは、「目的」・「適用範囲」・「おもな原則」・「実施方法」です。

目的と適用範囲

まず、AI倫理勧告の目的を確認しましょう。これは、AIの開発や使用において、人権や人間の尊厳がきちんと守られるようにしていきましょう、ということが掲げられています。

そして、そうした人権の保護や人間の尊厳を守るということは、AIを研究する段階から、設計・開発をへて、みんながそれを使用するようになるまでのすべての範囲で適用され、守られる必要があるとしています。適用範囲をこのように広く定めているのは、たとえばAIを使うときだけ人権に配慮していたとしても、そもそも開発の段階で人権をふみにじるような開発の仕方をしていたら、人権が守られているとはいえない、と考えられるからです。

おもな原則

さて、AI倫理勧告が掲げる目的を達成するために、守るべき原則があると、AI倫理勧告の中では述べられています。それが「おもな原則」です。

AI倫理勧告の中では、たくさんの原則がありますが、その中でも重要なものとしては、「人間中心のAI」「プライバシーの保護」「公正性と非差別」などが挙げられます。

AIは道具です。道具であるということは、それを使う人間が主役（中心）であり、人間の生活がより良いものになるような道具でなければいけません。それが「人間中心のAI」ということです。

プライバシーの保護や、公平であること・差別がないことの大切さは98〜

101ページで説明した通りです。

ユネスコのAI倫理勧告などというと、とても難しいことのように聞こえますが、そこに盛り込まれていることは、決して難しいことではなく、AIを道具として使うわたしたちにとっては、当たり前の原則だといえるものばかりです。

AI倫理勧告は、こうした原則を世界中の人が守るようにうながし、「世界の国々が、AI倫理に関する具体的な取り組みを決めて実行したり、法律でしっかりとルールを作ることが必要です」と言っています。

3 倫理的に使うことの大切さを知ろう！

以前アメリカでは、警察が顔認証システムを導入して、積極的に活用していました。あるとき、その顔認証システムが原因で、なにも犯罪をおかしていない黒人男性があやまって逮捕されてしまったことがありました。

あやまって逮捕された原因は、AIを活用した顔認証システムの正確性の低さにあったのです。このとき、使われていた顔認証システムは、白人男性よりも、白人女性や黒人などの有色人種の認証精度が低いという欠陥がありました。

こうした事件などがきっかけとなって、AIをどのように使うべきかについて、世界中が真剣に考えるようになり、そうした動きの中で、ユネスコのAI倫理勧告につながったのです。

しかし、それでもまだ十分とはいえません。日本も国連加盟国で、ユネスコのAI倫理勧告を2021年時点で受けていますが、まだ法律が整備されていません。

AIの進化はとても速いスピードで進んでいます。しかし、わたしたち人間は、AIの倫理的使用ということについて、AIの進化のスピードに追いついているとはいえないかもしれません。

今後わたしたちがAIを活用するとき、正しく使う、公正に使う、ということにも気をつけることが大切だと肝に銘じる必要があるでしょう。

ユネスコ（UNESCO）のAI倫理勧告

①目的	AIの開発と使用において、人権、基本的自由、人間の尊厳を保護し促進することを目指す。
②適用範囲	AIの研究、設計、開発から展開、使用までのライフサイクル全体を対象。
③おもな原則	人間中心のAI／プライバシーの保護／透明性と説明可能性※／公平性と非差別／安全性とセキュリティ／持続可能性
④実施方法	加盟国に対し、AI倫理に関する政策立案や法整備をうながす。
⑤国際協力	AI技術の恩恵を世界中で公平に享受できるよう、国際協力を奨励。

※説明可能性 … AIが特定の回答に至った過程や、どんなデータにもとづいたのかを、人間が理解できる形で説明できること。

コラム

法律でAIの使用を制限することが必要になる?

■世界で初めてのAIを規制する法律

　世界的なIT企業であるGoogleが開発した生成AIは、「ピザにチーズがくっつかないけど、どうすればいいか」という質問に対して「ピザソースに接着剤を混ぜるとよい」といった回答をするなど、まちがった回答が目立ったため、ユーザーからの指摘を受けて、生成AIの精度を高めるようチューニングするとしています。

　さて、Googleのこの例にかぎらず、生成AIの導き出す回答がつねに正しいとはかぎらないし、つねに正確であるとはかぎらないということは、本書の中でも取り上げてきました。

　このように生成AIにはさまざまな問題があることを受けて、世界各国で生成AIをはじめとする多様なAIを、どのように規制すべきかについて、長く議論がなされてきました。

　そうした中で、EU（European Union＝欧州連合）では、世界にさきがけてAIを規制する法律を、2024年5月21日に成立させました。

---

①許容できないリスク
人びとの安全や基本的人権を侵害するかもしれないAI。

 例　人の心を操ってお金を使わせようとするAIを搭載したゲームなど。

対策　使用禁止

---

②高リスク
危険ではないが、使うと悪い影響が出るかもしれないAI。

例　病気を発見したり、診断するAIなど。

対策　CEマーク※取得など

※CEマーク…製品の安全性を証明するマーク

---

③限定的なリスク
危険はなく、悪い影響もなさそうだけれど、AIが使われていると知っておくべきもの。

 例　質問に答えてくれる、AIを搭載したチャットボットシステムなど。

対策　AIの使用を通知

---

④最小限のリスク
①〜③に含まれないAI。

例　迷惑メールの排除システムや、AI対応のビデオゲームなど。

対策　特に規制なし

EUの4段階のAI規制

■AIがもつリスクの大きさに応じて規制

EUのAI規制法では、リスクの大きさに応じて、規制の内容を変えています。

受け入れられない（許容できない）ほどリスクが大きいと判断されたAIは、EU域内では利用することが禁止されます。そして、リスクが高いと判断された場合は、利用状況などを監視して、リスクを管理します。さらにリスクがかぎられている（限定的）と判断されたものについては、「この製品の中ではAIが使われています」ということを明示して、利用者に注意をうながすという対応を取ることになりました。もちろん、罰則規定もあるので、違反が認められれば、そのAIを提供している企業は高額の罰金を科せられます。

■規制に動き出した国々

これまで、アメリカや日本は、あくまでもAIを開発している企業などに対する自主規制にゆだねるという考え方で、国として法律で規制しようとは考えていませんでした。

しかしEUのAI規制法の制定を受けて、まずはアメリカで、法律による規制の動きが出てきました。

日本でも、EUの動きに刺激されて、法律による規制に向けて動き出しました。

■日本政府が立ち上げたAI戦略会議

日本政府は2023年に、日本におけるAIに関する政策の方向性を見定めるための機関として、「AI戦略会議」を立ち上げました。このAI戦略会議が主導する形で、日本におけるAI利用のルールづくりをしていくことにしたのです。

これまでAI戦略会議では、AIの開発や提供に取り組む企業などに対して、できるだけ守ってほしいガイドラインを設ける程度でした。しかし2024年5月22日に行われたAI戦略会議では、AIの安全性確保に向けた法規制の検討が始められました。EUでAI規制法が成立した翌日のことです。

このように、今後は世界各国がAIに関する法規制を強化していくことになるかもしれません。

AIクイズの答え

クイズ1 の答え

7つ　そう、全部です!!

【解説】

　ここで取り上げた自動車、掃除機、冷蔵庫、電子レンジ、洗濯機、スマートフォン、防犯カメラなど、いずれの製品にも、すでにAIを活用した高機能のものが販売されています。自動車などは自動運転車といわれる、完全な全自動の自動車を開発する上で、AIの活用は欠かせないものになっています。

ALL

クイズ2 の答え

②の将棋

【解説】

　将棋については、日本や海外でAIを搭載した将棋ソフトがいくつも開発され、これまでに、何人ものプロ棋士を負かしています。

　その中で、最初にプロ棋士を負かしたのは、2013年の第2回将棋電王戦でのことだといわれています。コンピュータソフト「ponanza」が、佐藤慎一四段（当時）に141手で勝利しました。

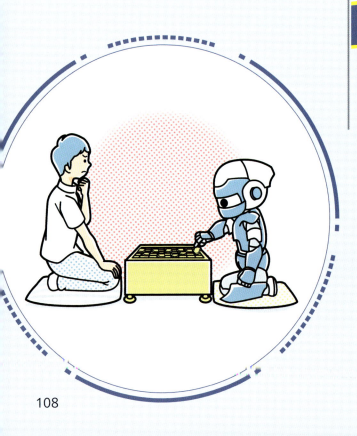

クイズ3 の答え

3つ（①と②と④）

【解説】
　さすがに、「どこでもドア」はまだ開発されていませんが、それ以外の3つについては、技術的にはもうじき実用できる可能性が高いレベルまで開発が進んでいます。
　自動で走行するバスなどは多くの自治体が実用に向けて実験を続けています。またAIによって人の動きや感覚をほかの人やロボットなどに伝達・再現できるグローブなどの開発も進んでいます。

自動運転バス

家庭教師ロボット

動きや感覚を伝達するグローブ

クイズ4 の答え

3つ（①と②と③）

【解説】
　動画の人物の顔を別人にさしかえたり、大統領や実業家などの有名人の音声を合成して、なりすまして電話をかけたりするような行為も出てきました。
　こうした、動画や音声などについても、AIを悪用したディープフェイクという方法で、簡単に作れるようになっています。
　今のところ、AIロボットによるコンビニ強盗は発生していません。

顔と音声をさしかえて別人に合成

さくいん

アルファベット・数字

ACC (Adaptive Cruise Control)	72
AGI (Artificial General Intelligence)	19
AI	12・43 − 46
AI アシスタント	52
AI 規制法	107
AI 創薬	88
AI 倫理勧告	104
AlphaGo	16
ASI (Artificial Super Intelligence)	20
ChatGPT	19・25 − 27・90
GANs (Generative Adversarial Networks)	24
Google アシスタント	52
IoT	53
Prompt	29
SGE (Search Generative Experience)	90
Siri	52
3 分の 1 ルール	63

あ

アクチュエータ	22
アラン・チューリング	18
アルゴリズム	100
アルファ碁	16
意訳タイプ	59
エキスパートシステム	44
重みづけ	39

音声認識	21・52
音声認識 AI	21

か

顔認証システム	20・35・76
隠れ層	40 − 42
画像認識 AI	20
完全自動運転	71
機械制御 AI	22
機械翻訳	58
キャラクター AI	51
強化学習	36
教師あり学習	33
教師なし学習	35
駆動	22
健康管理アプリ	86
コネクテッドカー	73

さ

サイバーテロ	96
自己決定権	102
自然言語処理 AI	21
自動運転車	54
自動翻訳	58
出力層	40 − 42
食品ロス	62
ジョン・マッカーシー	43
神経細胞	39
人工言語	21
人工超知能	20

深層強化学習	38		ニューラルネットワーク	39・42
推論	43		ニューラルネットワーク型	59
スマートスピーカー	53		入力層	40−42
制御プログラム	12		ニューロン	39
生成 AI	23・46			

は

バーチャルアシスタント	52
バイアス	100
汎用 AI	19
フードロス	62
フェイク動画	96
プライバシー	98
プライバシー情報	98
プログラミング言語	21
プロンプト	29・49
プロンプトエンジニアリング	29
変動価格制	64

セキュリティ対策　36

センサー　22

た

ダートマス会議	43
大規模言語モデル	25
ダイナミックプライシング	64
大脳皮質	39
探索	43
知能	17・18
知能・制御装置	22
チャットボット	25
チューリング・テスト	18
直訳タイプ	58
強い AI	16
ディープフェイク	96
ディープラーニング	42
敵対的生成ネットワーク	24
統計ベース型	58
動的価格設定	64
特徴量	34
トロッコ問題	55

ま

マルチモーダル AI	91
メインフレーム	44
メタ AI	51
モノのインターネット	53

や

弱い AI	16

ら

ルールベース型	58

な

ナビゲーション AI	51

111

●**監修**

山田 誠二（やまだ せいじ）

1989年大阪大学大学院博士課程を修了後、同大学助手、講師、東京工業大学助教授を経て、2002年より国立情報学研究所教授、総合研究大学院大学教授。2016年から2018年まで、人工知能学会会長を務める。

専門は、人工知能、HAI（ヒューマンエージェントインタラクション）、信頼工学で、現在は、人間-AI協調意思決定、説明可能なAI、認知モデルを中心に様々な研究プロジェクトを推進中。主な著書に『本当は、ずっと愚かで、はるかに使えるAI ―近未来人工知能ロードマップ』（日刊工業新聞社）、『マインドインタラクション―AI学者が考える《ココロ》のエージェント』（近代科学社）など多数。

●**協力**　つくば市立みどりの学園義務教育学校（8〜10ページ写真提供）

●**装丁**
村口 敬太（Linon）

●**本文デザイン**
澤田 京子

●**DTP**
株式会社ズーク

●**写真提供**
21ページ　iStock.com/Zephyr18
50ページ　AP/アフロ
54ページ　つのだよしお/アフロ
67ページ　AFP/アフロ
68ページ　アフロ
69・70・76・88ページ　毎日新聞社/アフロ
85ページ　metamorworks/PIXTA（ピクスタ）
※カバー・表紙の写真提供はカバーに記載

●**編集協力**
TOPPANクロレ株式会社／
有限会社オズプランニング

●**イラスト**
あいはらひろみ/アウチ

●**画像生成**
24・28・48・91ページ
Stable Diffusionで生成
https://stablediffusionweb.com/ja/
WebUI#demo

49ページ
MyEditで生成
https://myedit.online/jp/photo-editor/
ai-image-generator

ISBN 978-4-7999-0549-4 NDC007 112p 283×197mm

生成AIでなにができる？
〜人とAIのかかわり方〜

2024年9月　初版第1刷発行

監　修　山田 誠二
発行者　水谷 泰三
発行所　**株式会社 文溪堂**
　　　　〒112-8635　東京都文京区大塚3-16-12
　　　　TEL 営業　（03）5976-1515　　編集　（03）5976-1511
　　　　ホームページ　https://www.bunkei.co.jp/
印刷　TOPPANクロレ株式会社　　製本　若林製本工場

乱丁・落丁は郵送料小社負担でおとりかえいたします。定価はカバーに表示してあります。
本書を無断で複写・複製することは、法律で定められた場合を除き禁じられています。
©Seiji Yamada and BUNKEIDO Co.,Ltd. 2024 Printed in Japan